中学激励教育艺术研究

主　编　王立松

副主编　陈　瞻　王付波　潘宏达

编　委　王安磊　赵洪杰　薄纯钢

　　　　张　宁　边建辉

中国海洋大学出版社

·青岛·

图书在版编目（CIP）数据

中学激励教育艺术研究 / 王立松主编. —青岛：中国海洋大学出版社，2018.9

ISBN 978-7-5670-1962-1

Ⅰ.①中… Ⅱ.①王… Ⅲ.①中学教育—教育研究 Ⅳ.①G632.0

中国版本图书馆CIP数据核字（2018）第195094号

中学激励教育艺术研究

出版发行 中国海洋大学出版社
社　　址 青岛市香港东路23号　　邮政编码 266071
网　　址 http：//www.ouc-press.com
出 版 人 杨立敏
责任编辑 张　华
电　　话 0532-85902342
电子信箱 zhanghua@ouc-press.com
印　　制 日照日报印务中心
版　　次 2019年2月第1版
印　　次 2019年2月第1次印刷
成品尺寸 170 mm × 230 mm
印　　张 14.25
字　　数 182千
印　　数 1~1000
定　　价 38.00元
订购电话 0532-82032573（传真）

发现印装质量问题，请致电18663037500，由印刷厂负责调换。

序

忘记了从什么时候起，我们不再傻傻地问大人故事中的人物是好人还是坏人——这大概是孩子长大的一个标志吧。然而，这份非善即恶的“天真”却并不鲜见于成人世界。

早先我们倡导“目标教学”，那么之前的那些不列出教学目标的课，均漫无目的，该统统消灭；追求“高效课堂”，如果不做出个“622”“541”“433”之类的组合切分，便是食古不化。当然，新理念在推行的过程中会有些阻碍，没关系，先把口号喊出来。喊得响了，喊得多了，也就深入人心了。至于能喊多久，那得看下一个口号何时喊出来。

现如今，“赏识教育”“快乐学习”已经由口号晋身为舆论的“浓汤宝”（添上点“水”就是一碗鲜美的“鸡汤”，至于营养几何，又有谁管？），继而成为教育的“铁律”。而“惩戒”也就沦为整个社会的“逆鳞”，不可触碰。

正式颁布的教育法规上倒还残存“惩戒”二字，只是既无诠释，也无细则，在横眉怒对和剑棒环绕下，蜷缩一角，处境尴尬。一线教师偶尔涉及，也只可“道路以目”、心照不宣。

所以，今天要拾起“惩戒”这个话题公开讨论，是需要有一些学术勇气的。

这份勇气，应该是源自于清醒。口号可以片面，舆论可以偏激甚至迷狂，但，教育者必须清醒!

教育者的使命不是取悦，而是教育！教育方法首先追求的应该是“恰当”,而不是口号的响亮和舆论的拥趸。

我们认同“赏识”是重要的教育手段，只是倡导者将“赏识”二字加于教育之前，然后偏执地认为如不“赏识”便非教育，这实在让人无法苟同——教育哪有这么简单!

“惩戒”难道就不是教育?倡导“赏识”,为什么非得污蔑、放逐“惩戒”?

因此，要让“惩戒”清白面世，就要涤除无端加在“惩戒”上的偏见：侮辱、虐待不是惩戒，正如溺爱、纵容不是赏识一样；我们不认同将厌学、心灵扭曲全部归咎于惩戒，就像不赞同将放纵、目无规则全部归咎于赏识一样。

“惩戒”自该有它的边界和规则——虽然现在还非常模糊。正因为如此，才有探索实践的必要。清醒的教育者不会奢望规则自上而下地凭空诞生。恰当的界定与规则都需要经过实践的探索、磨合，才能产生。

当然，探索的路绝不可能平坦顺直，探索的脚步也必定偶有蹒跚，但是，只要教育者的使命不忘，教育者的清醒不丢，这条路就会坚定地走下去。我们也深信，执着的探索，也终将让“惩戒”清白、坦然地站立在众多教育方法之列，甚至可以呈现出令人惊叹的教育之美、人性之美。那时，我们就可以自豪地宣称：惩戒也是教育的艺术!

诚如是，于愿足矣!

目录

教师，你还敢严格管理吗？

青岛第五十八中学　王立松

养不教，父之过；教不严，师之惰。《三字经》中将对学生不能严格教育的行为视为教师的懒惰，提倡教育要从严要求，严师出高徒。高标准、严要求从来就是做好事情的保证，教育也不例外。然而，时至今日，“严格”这一要求却越来越不受一线教师的待见，是不能“严”、不愿意“严”，还是不敢“严”？

先看一个例子。某学生习惯不良，班级表现如下：① 拖拖拉拉，早自习经常来晚，班主任首先进行了调查，该生的家庭状况正常，家离学校很近，步行约5分钟，来得晚的原因，就是拖拉。在对该生批评后，班主任告知家长，要求家长及时提醒学生，若仍拖拉，将给予处罚。② 站队集合时该生在第一排，经常晚到，影响队伍集合，班主任将其调到第二排。③ 上课时，不抬头听课，自顾自写作业，老师提醒后，仍不改，我行我素。④ 与周围同学不合，便反映周边纪律不好，影响学习，要求调位。第一学期结束该生成绩落后较大，家长不满。第二学期初，该生家长组织班级其他家长投诉老师，学校找班主任谈话，要求其改进工作。从这一例子看出，管理严格，教师是要担风险的。风险主要来自以下方面。

第一，被管理的学生。被人管总是不自在的，人之常情是喜欢被表扬，不喜欢批评。严格管理时，难免使用批评的教育方法。被批评后学生的反映不一，其中存在这样的学生，对老师怀恨在心，甚至报复。如在学生评议老师时，给老师恶评；联合受批评的学生非议老师等。

第二，学生家长。尤其是学习成绩一贯优秀的学生的家长，这其中有的家长有“因子而贵”的心理，即孩子成绩好，家长也自觉高人一等，觉得自己的孩子从小学到初中一直优秀，不表扬也就罢了，要是批评，说明老师有问题，于是不满甚至投诉。为了扩大效果，再联合其他家长，看看学校管不管。

第三，学校。任何学校都希望教师能严格管理，但必须严格有度，至少不能因严格而出现如体罚学生这种有违师德的行为。因此，各学校在要求严格管理的基础上，又特别强调人性化管理。一旦教师因严格管理受到投诉，通常学校要找教师谈话，对教师的评价降低。

第四，社会。一方面，人们希望孩子健康成长，却不希望孩子受到严格管束，在初中升高中时，是否严格也是部分家长选择学校的因素之一；另一方面，近几年教育思想纷乱复杂，人们青睐成功教育，强调学生个性化发展，突出爱的教育，而对挫折教育不够重视。2017年，青岛市政府发布地方性规章《青岛市中小学校管理办法》，其中提道，“中小学校对影响教育教学秩序的学生，应当进行批评教育或者适当惩戒”。据了解，这是全国或地方教育性法规中，首次提出“惩戒”的概念，在社会上引起一定反响。事物总有两面性，教育也不例外，只有综合运用，才能健康发展。

存在即合理。有的老师采取宽松政策，无原则地把与学生搞好关系当作工作重点，极个别的教师甚至放弃尊严，有讨好学生之嫌，令人扼腕痛惜。众所周知，十年树木，百年树人。对人的教育绝非一日之功，对人的评价不能用一时来论，而能沉下心来，不为评价所动，坚持教育操守实属不易。有的教师采取逃避策略，事不关己，高高挂起，以各种理由拒绝担任班主任，只愿意教学，全员德育难以实现。有的教师想严格管理，但考虑到严管的风险，顾虑过多，不能大刀阔斧，甚至不得不退缩。教育出现“慵、懒、散”状况，若这种教育现状得不到改变，教育将面临更大的危机。要想教师敢于管理、严格管理，至少应做好如下工作。

首先，学校要保护教师的积极性，给其指导，给其支持。凡是严格的教师，大多数上进心强，“严格”是为了把工作做好，但由于把握不好“度”，可能导致工作被动。这种情况下，学校切记不能只听学生或家长的一面之词，而要通过调查研究，搞清真相，然后指导教师，提升其管理水平。

其次，教师要加强与学生家长的沟通。有的教师不愿和家长沟通，出于善意，能自己解决的问题不麻烦他人，而这会导致双方认识的差异。家长更多是从与孩子的交流中得到信息，这种信息主观色彩很重，受批评的学生一般对老师持否定态度，传递给家长的信息是“老师对我不好”，家长必然做出不利于教师的反应。

再次，教师要把握好“严格”尺度。这是一个很难说清的问题，管理需讲求如下因素：人、事、时间、地点。任何一个因素发生变化，管理的“度”就会发生变化，效果也就发生变化。譬如同样的要求，对黏液质特点的学生要做到轻一点，对胆汁质特征的学生可以重一点；同样的批评，男生可以接受，女生可能嫌重了些；当着大众批评和单独批评要不一样；等等。这需要教师进行长期的教育积累，同时不断地学习，才能恰当地运用。

玉不琢，不成器。教育需要管理，学生才能健康成长。教师不是石匠，教师也不仅仅是园丁，有责任、有义务把祖国未来的建设者教育好。无论严格管理会带来多大风险，为了教育理想，真正的教育者一定会不忘初心，一往无前！

浅谈惩戒教育

青岛第五十八中学 王 祥

一、惩戒教育的原则

1. 尊重是根本

批评常常被用作惩戒的手段。作为一名教师，如何批判性地教育学生的缺点或错误？这是一个非常重要和棘手的问题。那种伤害自尊、贬低、嘲笑和嘲讽等的副作用很大，给学生带来的不是纠正错误，而是无形的伤害。而有效的、成功的、激励性的批评可以改变一个人，帮助他成长。那么，什么样的批评是有效的、成功的、激励性的呢？尊重是根本。

教师应该把错误当作学生成长过程中一个不可缺少的环节。学生犯错是正常现象，要分析学生犯错误的原因，并在人为因素的影响下灵活处理。教师应该学会走进学生的心灵世界，真诚地与他们沟通，用美妙的语言循循善诱，充分体现对学生的尊重，从而达到最好的教育效果。

2. 教育要因材施教

没有人是完美的，孩子也一样，学生在童年时期不可避免地会犯一些错误，有的是不写作业，有的是恶语伤害。一些老师看学生犯了错误便怒不可遏，认为可以引导他们不犯错误。结果，学生不但没有受到教育，反而形成反叛心理。应让学生对自己的行为负责，而不是被动地接受处罚。让他们尽可能地主动纠正，争取在短时间内取得进展。为此，要实施惩戒处分，首先要了解学生而不是道听途说，应更多站在学生的角度分析和评价，找出错误背后的真正原因。而且，教师应实事求是，一切都应该基于客观的事实。教师在惩戒处分之前应充分了解事实，经过多次调查，避免误判，在此基础上合理地惩戒处分，可以让学生自然信服，深刻认识自己的错误，予以纠正。

3. 体罚是红线

体罚给孩子带来的伤害是成年人所不能想象的，肢体语言所表达的思想和内涵比我们的口语更为深刻、更为直接。

一名负责的教师应该了解惩戒与体罚的区别。惩戒不是体罚，体罚不仅是对学生的恶性惩罚，发泄性的动机和目的更为激烈，它会对学生造成严重伤害。惩戒不是以破坏学生身心健康为原则的教育方法，目的是要让学生对在成长过程中犯的错误负责，以学生的负担能力为基础，使学生能够纠正错误的后果，以引导学生更好地成长。

二、加强惩戒教育的建议

1. 加强温情惩戒教育

惩戒也是一种爱，要怀着一颗温暖的心去面对孩子所犯的错误和失误，使学生受到最小的伤害，感受到你的好意。教师应该对学生的错误更加宽容，给予关心、理解、鼓励和帮助，在每个人的帮助下，让错误的学生努力改变自己，实现师生共同进步的双赢局面。惩戒不是体罚，也不是精神伤害。相反，它是通过一种特殊的教育形式来纠正和改变，这种教育是触发和悔改。在此基础上，类似的错误在认知、行为和情感上不再重复。这种惩罚，强调对内心的认可，既是对学生的尊重，也是对学生更高的期望和要求，在学生看来，自然乐于接受。

2. 教师惩戒权实施细节制订合理化

教师惩戒权实施细节应合理化。必须做到以下三个方面。首先，加强立法，也就是说，对于教师的惩戒权，必须给予明确和肯定。其次，在学生教育中，应明确区分违法侵权与法定处分，使教师行使处分权的合法性和正确性得到确立。最后，要明确科学合理的问责制度，加强对教师惩戒权使用的监督，惩戒处分的法律后果应得到所有教师的承认。

3. 教师应更新教学理念以及管理模式

首先，教师要改革教学观念、管理方式和教育方式，不能过分依赖惩罚的力量。其次，完善相关制度，开展教育改革实验。最后，加强教师职业道德和法制教育，提高教师的专业观念和权力意识。

三、讨论

适当的惩戒是教师教育学生过程中必不可少的手段之一。我们应该知道，惩戒的目的不是单纯的惩，而是为了戒。社会在发展进步，人们的文明程度也在一天天提高，法律意识也在逐渐增强，道德的约束及法律的制约也在不断地加强。作为教师，也应该为自己的工作负责，为自己的言行负责，要做到既教育了学生，又不越过法律的红线。这也给教师提出了更高的要求：不断强化业务水平，丰富教学方法；优化管理学生的方式，使学生易于接受教育；要不断完善人格魅力，在学生心目中起到楷模的作用，从而使学生尊重你，愿意聆听你的教诲。家长也应多一些思考，多一些理解，多一些谦让；教师也多一些爱心，多一些责任担当，多一些约束力，那么，我们的孩子一定会健康快乐地成长。

惩罚教育权是教师的自然权利。没有规矩不成方圆，管教学生不想惩戒，学校就不是好学校，惩戒学生不敢管教，老师也不会成为合格的教师。因此，我们需要通过立法将理性惩罚教育合法化，更好地提高我们的教育管理水平。

关于初高中阶段教育惩戒的调查分析和思考

青岛西海岸新区致远中学　王安磊

一、引言

网络百科对惩戒的解释是："（1）以前失为戒；（2）惩罚之以示警戒。"《教育大词典》中对惩戒有两种解释：在教育学意义上，指对个人或集体的不良行为给予否定或批评处分，旨在制止某种行为发生；在心理学意义上，指为减少某种行为的重现概率，而在此行为后伴随的不愉快事件。一般认为，教育惩戒是针对学生的行为，"通过对学生身心施加某种影响，使其感到痛苦和耻辱，以达到使其悔改之意，进而达到矫正的目的"，教育惩戒应"施罚使犯过者身心感到痛苦，但是以不伤害受害者身心健康为原则"，然而，如何将上述理念合法、合理、有效地转化为教育实践，确实是一个亟待解决的教育难题。

在当前的教育环境下，师生间因惩戒失当而引发的矛盾冲突日益加剧，媒体对体罚学生的恶性伤害事件的屡屡曝光，致使惩戒成了教师不敢触及的"高压线"，唯恐被冠以"体罚学生"之名，不敢逾越"雷池"半步。

为了了解现阶段初高中教育惩戒的现状，自2012年9月以来，我们就学校教育惩戒实施情况及中小学师生对教育惩戒的认识情况等，运用问卷调查、个别访谈相结合的方法，进行了局部范围的调查和分析。

问卷调查采用分层抽样、随机抽样相结合的方法，共发放各类问卷1060份（其中教师450份，学生问卷610份），收回有效问卷1000份（其中教师420分，学生问卷580份）；访谈对象涉及初高中老师、初高中学生、初高中学校中层干部和对应的家长等，获得了初高中阶段教育惩戒现状的较为准确、客观的第一手资料。本文在此基础上对取得的数据进行分析和评价，力图寻找问题的根源，分析研究出解决问题的方法和有效途径。

二、初高中教育惩戒的基本现状

调查显示，随着现代教育理念的逐步完善和师资水平的不断提高，加之青岛市的城市化进程逐步加快，面向全国招聘教师政策的实施，让各学校集中了来自全国各地的优秀教师，极大地提升了教师的职业素养。同时，学生和家长的法律法规意识也得到了极大的提高，教育惩戒越来越被社会关注。2017年3月20日起施行的《青岛市中小学校管理办法》对于备受关注的教育惩戒问题，有了明确规定："中小学对影响教育教学秩序的学生，应当进行批评教育或者适当惩戒；情节严重的，视情节给予处分。学校的惩戒规定应当向学生公开。"虽然学校和教师的管教水平得到提升，管教行为得到逐步规范，但教育惩戒方面依然存在个别问题，主要表现为：

（一）对教育惩戒的认识混乱模糊

对教育惩戒的认识直接影响着教育惩戒的态度，影响着方式方法的选择与运用。此次大范围问卷调查显示：在教师方面，认为教育惩戒就是惩罚的占被调查教师的23.5%；认为教育惩戒就是体罚的占10%；认为教育惩戒是一种有效的教育手段的占26.5%；对教育惩戒无法清晰界定的占37%；还有3%的教师根本不知道什么是教育惩戒。可见，教师整体上对教育惩戒的认识有些混乱模糊。在学生方面，关于教师是否应该有惩戒权的问题，47%的被调查学生选择"不应该有"；选择"应该有"的占37%，"不清楚"的占16%。学生对体罚问题的认识、界定尤为混乱，比如有学生认为，"只要老师让自己'站起来'，不管多长时间，就是'罚站'"。在访谈中，约半数的被访谈教师和学校管理中层干部，特别是年级管理者，将教育惩戒等同于教育惩罚，将教育惩戒理解为负面意义上的体罚与变相体罚，而不能对教育惩戒和教育惩罚做出比较合理的界定和区别。

（二）教师教育惩戒的行为偏差

1. 惩戒手段单一

教育惩戒手段单一的主要表现是，本应讲究方式和方法、注重追求教育效果的教育惩戒在实施过程中缺少与学生的必要的语言和情感交流。被访谈的教师中，有部分教师认为："学生什么都懂，却揣着明白装糊涂，明知故犯，没有规劝交流的必要。"个别初中教师更是毫不掩饰地说："初一时要是管不住，到了初二、初三就再也管不住了。"这种教育惩戒手段的单一，不仅会对学生造成伤害，而且也会让教师处在被动不利的处境边缘，更重要的是失去了对学生的教育意义。

2. 惩戒过度

部分教师虽知道自己具有教育惩戒权，其出发点也是为了引导和教育学生，但是由于缺乏教育惩戒"度"的掌控，有时会超越了惩戒权限（特别在对待处在逆反期的部分青少年学生）。从个别访谈得知，让初中学生写检查不少于3000字，写错一个单词罚抄50遍，因违纪给班级减分而被罚站等惩戒过度行为时有发生。调查显示，有惩戒过度行为者，以中青年班主任教师为主，主要的方式是长时间罚站（在教室内、走廊、办公室站两节课以上）、罚做作业、罚跑步等。被惩戒对象也多是不完成家庭作业、考试成绩差或是上课、自习说话等轻微违反纪律的同学——男女学生都有。

3. 惩戒不公正

对学生采取不公正惩戒的管教行为也在部分学校和教师中存在。个别教师将成绩落后或纪律差的学生安排在边、角、后面的座位上。也有个别教师偏向性十分明显：当"好学生"与"差学生"犯同样的错误时，教师常常偏袒"好学生"而严厉责备"差学生"。这种"不公正惩戒"对学生心理所造成的间接伤害，往往比单纯的体罚或变相体罚更严重。

4. 不使用惩戒

与惩戒过度等行为相对应的另一种现象是，随着家长法律意识的逐渐增强及媒体对教师不当惩罚行为的强烈谴责，一些教师因噎废食，把惩戒看成一种“高压电线”，因怕“惩戒出事”而不敢对学生进行必要的惩戒。教师问卷调查的数据显示：“怕‘惩戒出问题’而不敢管了”的教师占35%。更有甚者，一些教师采取息事宁人的方式，对犯错误的学生连正常的批评都不敢，怕伤害了学生的“自尊”，怕“管”出“事”成为被告，致使一些学生的不良行为、习惯得不到规范和约束，进而产生了一些班级或者学校“小霸王”，使正常的教育教学工作更难以开展，甚至连学生也感觉到老师不敢“管”了。学生问卷调查的数据显示：19%的初中学生和10%的高中学生认为教师“不敢管”，这种状况对学生的健康发展和学校教育秩序的维持所造成的负面影响是不容忽视的，应引起教育管理者的充分重视。

5. 推卸责任，不履行管教义务

这种现象主要表现为班主任对犯错误的学生，以“找家长”代替直接管教；科任教师以报告班主任的方式代替直接管教，其中年级越低越明显。问卷调查出示，在“对经常违规违纪的学生，你将采取怎样的教育方式”一题中，首选“找家长”的占被调查教师的30%。在与教师的访谈中进一步了解到，科任教师缺乏对学生教育的责任感也是一个不容忽视的问题。主要表现为：对自己课上违犯纪律或不完成作业的同学，一并报告班主任处理，似乎自己没有责任，不关自己的事。调查显示，科任教师在课上能够耐心、正确地对学生进行批评教育的管教行为逐步减少，课后教育学生的更少。特别是教育部门明确班主任费以后，上级教育管理者和学校更是将班主任作为班级管理的责任人和承担者，无限制地让班主任承担了更多的责任负担，这就使得班主任开展工作时会畏手畏脚。

三、教育惩戒的基本前提

造成惩戒认识混乱及教育惩戒行为偏差的因素很多，我们认为，其主要原因在于教育工作者对教育惩戒缺乏必要的理性分析和准确判断。因此，在寻找解决教育惩戒问题的对策之时，应对教育惩戒做必要的梳理。纠正惩戒行为偏差的基本前提是正确理解教育惩戒。为了把握教育惩戒的准确含义，笔者先区分教育惩戒与体罚、变相体罚的不同。

教育惩戒就是通过惩治过错来警戒，是针对学生的不合规范行为给予否定评价或相应惩罚的一种教育手段，其出发点在于对学生的关怀爱护，不损害学生的身心健康，其最终目的是为了学生的发展进步；惩治是手段，警戒是目的。体罚就是教师对学生的身体惩罚，用罚站、罚跪、打手心等方式来处罚儿童的错误教育方法使学生肉体感到痛苦或者极度疲劳的惩罚，是惩戒的极端方式，强度最大、最严厉，它是以折磨和损害学生的身、心来惩治的教育方式。惩戒的目的是为了帮助学生真正认识错误，悔过自新，“不愿”再犯错；体罚侧重于使学生惧怕皮肉之苦，从而“不敢”犯错。惩戒是以不损害学生身心健康为原则的一种教育方式，是教师的职业权利之一；体罚不仅损害学生的身心健康，更是一种违法行为。二者尽管都是通过施罚使学生身心感到痛苦，但惩戒中的“痛苦”使学生幡然悔悟，而体罚中的“痛苦”带给学生的则是身伤心碎。惩戒能使学生最终心悦诚服地改掉错误，且能增进师生感情，适度的惩罚还有助于孩子成长，也是爱的一种表达方式。而体罚往往使学生对教师产生抵触情绪，激化师生对立，甚至导致更严重的违规违法行为。教育惩戒与体罚、变相体罚的本质区别在于是否损害学生的身心健康，特别是在必要的惩戒后，应从学生的心理和长远发展来看，能够及时跟进相应的心理疏导和后继工作。

但在教育实践中，合理的教育惩戒与以体罚、变相体罚为主要方式的违规惩罚之间并没有明确的“分水岭”，在教育法规还不完善的情况下，需要管理者和家长根据特定的教育情景来做分析和判断，而家长往往从情感的角度出发，失去理性的判断前提；有的地方教育管理部门也容易从息事宁人的角度出发来处理，我们不赞同在这一问题上的简化理解和片面处理。

四、教育惩戒的意义

1. 合理的惩戒有助于促进学生的身心发展

行为主义心理学家桑代克、斯金纳全面揭示了奖惩对个体行为的多方面影响及如何通过恰当的奖惩来促进知识技能的掌握，对个体行为进行塑造、矫正和控制，为人们在教育教学实践中有效地运用惩戒提供了可靠的依据。在学校教育中，使用奖励可以增加某一行为的发生频率，而使用惩戒则可以减少某一行为的发生的可能性和倾向性，二者不可偏废。

中国青少年研究中心副主任孙云晓认为，没有惩罚的教育不是完整的教育。怎样理解教育意义上的“惩罚”呢？孙云晓解释说：“惩罚绝不等于体罚，更不是伤害，不是心理虐待、歧视，让你觉得难堪，打击你的自信心。”

此外，作为学生不良行为的“警戒灯”与“矫正器”，教育惩戒不仅有利于学生自觉遵守社会所认可的行为规范，起到防微杜渐、惩前毖后的作用，而且有助于培养学生的责任意识与法治精神，有助于形成学生坚韧的性格，能培养学生抵抗诱惑和战胜诱惑的能力，对学生的抗挫折能力培养，为学生将来进入社会、适应社会打下坚实的心理基础。必要的教育惩戒可以使学生体验许多赏识教育无法体验的东西，给予学生的是痛定思痛过程中的自责、反思与改过，这也是一个人一生中必不可少的宝贵财富。因此，科学有效的惩戒是一种真正为学生负责、全面体现学校育人功能，促进学生身心健康发展的必不可少的教育手段。

2. 合理的教育惩戒比必要的奖励更具有教育意义

教育惩戒的手段是惩戒，目的是教育。教育性应作为合理惩戒的基本原则。教育家马卡连柯认为“惩罚应当是教育”“合理的惩罚制度不仅是合法的，也是必要的”。合理的惩戒具有教育意义。合理惩戒的使用既不是一种肉体上的摧残，也不是一种人格侮辱或精神虐待，更不同于社会管理中强制性的惩罚处罚。它是为了促使学生在外部力量的作用下警醒，能够更深刻地反思自己的言行，从而在外在力量的推动下，通过自身的努力不断自省改过，树立正确的观念，养成良好的行为习惯。教育者使用合理惩戒的目的在于教育，而不是要对学生造成身心上的伤害，教育惩戒是手段而不是目的。所以，惩戒的出发点和落脚点都是为了“以爱为核心”的教育，教育性是教育惩戒必须遵循的基本原则。赏识教育专家周弘在《赏识你的孩子》一书中写道：“赏识孩子是赏识孩子的优点、长处和进步，而不是忽视孩子的缺点和弱点。该指出的问题应当及时指出，该批评的问题应当及时批评，该制止的问题应当及时制止。这是不能含糊的。”可见，一味地赏识，在学生健康成长道路上并不是一剂良方，而是健全人格塑造中的“隐形杀手”。合理地惩戒才能让学生更好地成长。

五、合理惩戒应坚持的基本原则

要将正确的惩戒观念转化为教育实践，实现惩戒的教育功能和促进学生发展的目的，在运用教育性原则进行教育惩戒实践时，应坚持以下基本原则。

第一是及时准确原则。一旦发现学生的行为有错，只要情况许可就应立即予以相应的惩戒，不要等秋后算账；如果当时的情境不允许立即做出反应，事后则应及时地创造条件，尽可能使孩子回到与原来相似的情境中去，使他意识到当时的错误行为，即把受教育者的错误行为与惩罚所引起的焦虑、恐惧等经验相联结，从而使其清楚地意识到惩戒是由自己的错误行为造成的，及时准确地反馈，可使其在今后的成长中避免此类行为。

第二是实施最少原则。惩戒，特别是对学生身体上的惩罚，是一种不易把握、容易损伤学生身心健康的教育手段，所以使用时要慎之又慎，尽量减少。如果确有必要惩戒，应在统一规定的惩戒标准之内进行，使用的频率要尽量少，惩戒的程度要尽可能小，执行的范围也要尽可能小，从而保护青少年脆弱的承受心理和自尊心。惩罚不能走向严厉的极端，要为惩罚建立一个多种强度等级的次序，每次惩罚都要取下限，而非上限。这是因为惩罚具有很大的威慑力，然而，它一经被运用，就会丧失部分的威慑力。惩罚的威慑力将随着惩罚的频繁使用而逐渐减弱。而惩罚只有构成一种威慑而存在时，才会保持它的全部力量。因此，惩罚越少越好。现实中，一些经常受罚的学生对惩罚变得近乎麻木，他们对教师的惩罚之所以无动于衷，就是因为惩罚在他们身上使用得太频繁了，惩罚所具有的威慑力在这些学生的身上已经荡然无存。

第三是实施最轻原则。教育者自身要明确惩戒的目的，同时也应当让被惩戒者理解为什么受到惩戒，这一切的出发点和落脚点都是对学生“无私的爱”。所以无论违纪学生的过失行为情节较轻还是较重，教师都应该尝试采用较轻的惩罚手段。如果较轻的惩罚手段能激起学生的羞愧感，那么惩罚的目的已达到。如果较轻的惩罚手段还不能达到使其产生羞愧感的目的，那么就应当适当增加惩罚手段的严厉性，直到能使其产生羞愧感为止。总之，是采用较轻的惩罚手段还是较严厉的惩罚手段，主要应看它能否使犯错者产生羞愧感，而不是看过失的严重与否。当学生有了较重的过失时，如果用较轻的惩罚手段就能使其产生羞愧感，那么就理应为我们优先采用。

第四是允许补救原则。学生出现过错后，会引起内心的冲突，常常会有强烈的补救愿望。因此教育工作者要了解学生被惩戒后的行为表现，因为惩戒不仅仅是由于犯了错误，更重要的是为了使学生今后不再犯类似的错误。面对被惩戒的学生，教师尽量给予他们将功补过的机会，鼓励他们做一些有利于集体的事，这样有利于补救错误并增强他们的自尊心，强化惩戒效果。

六、实施教育惩戒应采取的具体对策

在全面理解教育惩戒、树立正确的惩戒观念、提高教师素质的同时，我们认为，应进一步采取以下具体对策，以保证教育惩戒在必要和适度的基础上发挥其应有的教育功能。

1. 要制定操作性较强的教育惩戒细则

教育工作者要付出更多的爱心，谨慎适度地使用惩戒权。教师在行使惩戒权的过程中，要做到手段与目的紧密相连，通过给学生身心施加某种影响，使其感到痛苦或羞耻，激发其悔改之意，从而达到矫正的目的。教师行使惩戒权，不仅惩戒的内容要合情、合理、合法，而且行使惩戒的过程也必须符合规范的程序要求。教师应针对学生不同情况，从对学生负责、对孩子成长有利的角度去设计惩戒的教育方式；要惩戒有因、惩戒有度、惩戒有爱，在对学生实施惩戒时，不应当受感情因素的影响，不应当把工作、生活中的不悦情绪发泄到学生身上；不应当受权威观念的影响，期望学生无条件服从，不要受到思维定式的影响，而应该依据自己以前对学生的印象加以判断，要避免自己在盛怒或情绪冲动时使用惩戒；此外，还要警惕以惩戒之名行体罚之实的“另类惩戒”，坚决禁止各种用美丽“外衣”包装的“变相体罚”。当然要做到规范化的惩戒，就必须建立有关惩戒的制度，做到惩戒有章可循。没有规范的惩戒，惩戒就会走样，就会失去其应有的教育价值和意义，不仅于事无补反而会阻碍学生的发展。虽然现行的《教育法》《教师法》《未成年人保护法》和《义务教育法》等都涉及了这方面的内容，但都较笼统，没有将惩戒要求具体化。鉴于教育惩戒的重要性与敏感性，制定操作性较强的教育惩戒细则是非常必要的。具体来说，应借鉴国外的经验制定出一个符合我国国情的惩戒文本，明确在不同情形的违规行为中，学生应接受的惩戒类型以及惩戒主体、惩戒的具体方式等，使惩戒措施逐步具体化和规范化，以尽量减少惩戒所带来的负面影响，也便于学校和教师在教育教学中正确合法地行使其惩戒权。此外，应建立对教育惩戒的不当行为予以惩处的责任追究制度。完善有关的监督与救济渠道，明确违法惩戒的法律后果。这一切将使教育惩戒的行使有章可循、有法可依，防止因缺乏明确规范而导致的权力滥用，也避免了教育惩戒所产生的种种弊端。

2. 正确引导舆论，使社会对教师惩戒权有一个公正的认识

媒体舆论导向要客观、公正。近年来，新闻媒体界人士或出于真正关心教育事业，或出于增加新闻亮点的目的，对所谓“教育惩戒”所造成的负面影响大肆加以渲染，甚至添枝加叶，混淆了公众视听，使教育惩戒被视为十恶不赦的“洪水猛兽”。因此，在对待教育惩戒问题上，舆论宣传要注意科学性、社会性和连续性，要坚持积极、客观、公正的舆论导向，真正为促进青少年身心健康发展服务，为社会文明进步服务。新闻媒体要加大对教育惩戒的宣传力度，以便在全社会范围内提高对教育惩成的认识。同时，对一些教师不正确对待学生的事件，如体罚或变相体罚等，要予以客观、公正的报道，切不可因一时哗众取宠而使初高中惩戒教育偏离正确的方向。

3. 法律公开，使学生走近法律

我国的传统文化崇尚师道尊严，“青少年权利”很少谈起。青少年是弱势群体，最容易受到欺侮。要使他们不受伤害，最重要的是“法律公开”，让他们知道自己享有哪些权利，知道自己有对侵权行为说“不”的权利。凡是“禁止老师说的话、做的事”都让学生知道，让学生直接监督教师的行为。当然，与此同时，也应该让学生明确违规行为可能产生的后果及应承担的责任，要强化学生的责任意识。

4. 在可能的情况下，应努力从制度上予以突破，如试行“小班型”策略，减轻由于学生人数过多给学校和教师带来的压力

社会上现存的城市取向、重点校取向的择校现象，使许多学校班级规

模膨胀，班容量过大，这不仅不利于学生身心健康发展，反而会给班级管理产生障碍。一个老师要面对四五十名甚至六七十名学生，老师们都知道不应体罚，但教师的精力是有限的，教师难以有足够的精力针对每个学生的不同个性特点去交流、指导、监控、实施管教，这常常让一线教师陷入两难的困境，无疑会加重教师的管教压力和负担，特别是班主任老师，尤其“压力山大”。因此，建议在可能的情况下应努力从制度上予以突破，如试行“小班型”策略等，减轻由于学生人数过多给学校和教师带来的压力。

5. 坚持正当程序，包括合理地告知、获得庭审的机会、提出主张、进行争辩等，正确实施教育惩戒

正当程序原则起源于英国的《自由大宪章》，完善于美国宪法修正案第5条和第14条。正当程序作为法律概念，“表示规范的、正规的执法，是建立在政府不得专横、任性地行事的原则上，意味着政府只能按法律确立的方式和法律为保护个人权利对政府施加的限制进行活动”。虽然正当程序原则一般应用于司法实践当中，但是，在一个人有权对另一个人做决定的任何场合，正当程序原则都是重要的。合理地告知、获得庭审的机会、提出主张、进行争辩等，是正当程序的基本要素。正当程序原则运用在教育教学管理的惩戒中，包括以下几个方面。① 依约惩戒：教师要做到按照预先制定的规章制度执行惩戒。惩戒的方式、手段、力度皆应经过全体学生讨论通过，而不是由教师一个人说了算，教师只是依据规则实施惩戒。而且这些惩戒规则必须告知可能受到规则约束的每位学生，让每位学生明白规则。② 事先通知：教师在决定对某一学生进行惩戒之前，必须让将要受惩戒的学生知道被惩戒的理由和惩戒的依据。③ 允许申辩：教师在做出惩戒决定之前，应当听取学生的申辩，允许学生对自己的行为做出辩解，并对相关的证据进行确认。教师特别应该避免偏听偏信。④ 举行听证：听证是听取相关人意见的一种有组织的、较为严格的程序。要求所有的惩戒决定都举行听证是不现实的，但是在教师对学生做出重大处罚决定时，应当举

行听证会。我国已经有一些地区和学校，在处分学生时引入听证制度。例如，北京市海淀区2003年将“处分学生听证制”纳入中学德育工作评价标准（试行）体系，海淀区所有学校已开始实行“处分学生听证制”；山东省青岛市教育部门出台了《中小学生处分暂行规定》，在全市中小学推行处分学生听证制度；上海外国语大学附属外国语学校实行德育听证制度，处分学生需通过仲裁。

在现实中某一个惩戒行为的结果是不可知的，这也加大了对惩戒做出道德判断的难度。因此，对教师来说，在实施惩戒时，除了要掌握一些基本的伦理规范、遵循正当的程序之外，还需要因人、因时、因事采取不同的措施，甚至有时候情况紧急、不容多加思考的时候，要求教师凭直觉做出准确的判断，正确实施教育惩戒。

我把学生的书扔了

青岛西海岸新区第五中学　赵洪杰

刚开学，就有学生跟我反映，晚上宿舍里有人用手机聊QQ到深夜，声音虽然轻微却很烦人。我把目光迅速锁定在小W身上，这是个城市女孩，家境优裕，开学第一天因为染发和衣着问题被学校领导勒令理发、换衣服。我先是在班里带领全班同学重新温习了学校下发的《给新入校同学和家长的一封信》，里面明确规定了学生不准携带手机、平板电脑等电子产品到校。我注意观察小W的表情，她满不在乎地撇了撇嘴。

三天之后，周末的学生自习课，我当场擒获了正在聚精会神地用手机QQ聊天的小W，我没收了她的手机，并严肃地批评了她，她没有顶嘴，却一脸不服气的样子。我预感到这是个很棘手的学生，打电话通知了家长，通报了学生在学校的表现。家长倒是挺配合，她的母亲很快赶到了学校，说了一大通感谢老师的关心云云。我本来也以为事情就这样解决了，但是令我始料未及的是，当家长告辞离开，学生送家长走到大门口的时候，家长居然随手从口袋里掏出手机，又给了学生！站在办公室里目送她们的我目瞪口呆，甚至有一瞬间不敢相信自己的眼睛。

结果可想而知，不到一个周，我又在教室里再次没收了小W的手机。我明确告诉她：因为她多次违反学校的规章制度，到放寒假之前，手机我是不会再还给她的。她气冲冲地走了。三天之后，有同学跟我汇报：小W让高二的走读生从手机店给她买了一部新手机，晚上继续在被窝里上网聊天。

这件事我还没来得及处理，晚上，英语老师又来找我了——晚自习第一节，已经打上课铃了，小W坐在课桌上旁若无人地大吵大闹，英语老师过去制止她的时候，她装模作样地抽出一本书，声嘶力竭地读，根本不理会老师。班里别的同学都很安静地看着她的表演，她还在装腔作势，把老师气得满脸通红却无计可施。

上午课间操，我来到教室，问她："小W，昨天晚上第一节自习课你干什么了？"她又故伎重演，装作没听到，抓起一本书开始了自己的朗读表演，我提高声音问了她第二遍，她还是充耳不闻，继续着自己的"朗诵"。此时班里的其他同学都在注视着我们，我从她手中抽走了书，扔在讲台上，她身子一震，又从课桌上取出另一本书，继续"朗读"，"还真沉得住气呀！"我暗自惊叹。随即，她的第二本书又飞落在讲台上，她迟疑了一下，居然又拿出了第三本书，我接着扔。此时她桌子上已经没有书可以拿了，她继续伸手从桌洞中拿，我提高了声音，用不容置疑的口吻说："今天，如果你有勇气继续自己的表演的话，那么我就有决心把你的书全部扔完！"她气哼哼地坐在那儿，不时翻着白眼。

而正在此时，她的桌洞里传出了嗡嗡的声音，她下意识地去关机，被我抢先一步拿到了手。"啊，新的呀？小W同学很先进呢！"我装作很惊奇的样子，她脸红了，低着头一声不吭。

她的家长第二次被我邀请到了学校——说实话，在我近十年的教学生涯中，小W的叛逆与无所顾忌为我罕见。这次来的是她的父亲，满脸的无奈，说大概疏忽了小时对她的管教吧，从初中开始，就不断地被老师找家长，"说实话，老师，我一接您的电话就知道怎么回事，可是我也实在没有什么好的办法，本以为她上了高中能收敛一点……"我的心重重地一沉——家长都说管不了的学生，老师通常是无能为力的。

我把两个手机都交给了她的父亲，约法三章——手机绝对不能再交给学生，并询问了一下她的零用钱情况，她父亲说大概得500元左右吧。"根本用不了这么多！"我说，"以一般学生的消费标准来说，两个周200元就足够了，我建议你们只给她吃饭的钱和路费，避免她因为零用钱太多而买那些不必要的东西！”

小W收敛了一段时间，不过也因此对我更加敌视，走在路上老远见到我就把头一扭。我清楚她心里有“疙瘩”，但一时间也找不到很好的沟通渠道。

元旦到了，学校让各班组织元旦汇演的节目，小W表现得异常积极，而她的歌舞才能也确实超出一般。我有意识地引导，在班里表扬了她热爱集体、积极主动，看得出她也很高兴。

元旦文艺汇演结束了，我们班获得总分第一名，我制作了一批喜报，寄给在活动中表现积极的各位同学的家长，内容如下：“×××同学，在学校组织的国庆文艺汇演中积极主动，为班级做出了突出贡献，特发此喜报，以示表扬！”

小W的父亲专门到学校里来向我表示感谢，说从小到大，这是小W屈指可数的受表扬的机会，她自己也很高兴，回到家把喜报贴在一个很显眼的位置上。我心中暗喜：有门，还是有上进欲望的嘛。

我做通了班里一批同学的工作，让他们推选小W为班级文娱委员（原来的文娱委员本来由团支书兼任，工作任务挺重）。小W感到很意外，激动得满脸通红，工作伊始也非常卖力，但是热情仅仅维持了很短的时间，她便主动找我提出辞职，理由是“没意思”。我跟她交流了很长时间，她还是坚持己见，不过最后她破天荒地说了句：“老师，谢谢您给我这次机会。”

小W的高中生涯只维持了一年时间，不过在接下来的半年内她努力地克制自己，并没有给班里带来太多负面影响。她最终去了一所私立的专业培训机构求学，也不知道结果怎样，只是给我来过一封很短的信，“尽管在您班级里的时间不长，可是有两件事令我印象深刻：第一是您扔掉了我的书——要知道，从小到大这一招我屡试不爽，从来没有人这么较真；第二，您给了我一次机会，让我满足了自己小小的虚荣心……尽管对您来说可能是微不足道的小事，我还是要由衷地说一句‘谢谢’！”

老师怎样才能让学生认同呢？这可能是一个永远研究不透的课题，一味地压制或者一味地“赏识”显然都是不完整的。针对具体的学生采取最能让他们接受的对策，才是比较合理的吧，只是某扇紧闭的心门，可能需要很多次艰难的叩响才能听到回应。只是作为老师，我们要始终保持自己对学生的责任意识和爱的感召，无论是批评还是赞赏，都要以诚待之，这样，才能最终赢得他们的信任。

明月有情枝上来，静等花开自有时

——谈惩戒教育的长效作用

青岛第五十八中学　陈　瞻

记得有两句诗：“岁月静好，静待花开。你若开怀，清风自来。”这诗句非常应景，如实反映了教师们工作以来心态和情绪的变化。尤其是面对学生的错误，茫然失措，或者病急乱投医，教育的效果可想而知。教师想用过去的教育方法，但受制于现实的种种因素，正如郑立平老师在《教师必须掌握的教育惩戒艺术》中提到：“因为不了解其内涵，所以在实践中就无法跟体罚、变相体罚进行有效的区分，而当前国家法律命令禁止体罚和变相体罚，又加上现实中赏识教育的呼声一浪高过一浪，这就使得很多教师面对教育惩戒无所适从。”①

记得年轻的时候做班主任，唯恐自己不负责、不到位，凡事亲力亲为，甚至越俎代庖。由教练变成了运动员和裁判员，由厨师变成了顾客和老板，由班主任替代了家长和学生。这其实是没有把握好教育的度，没有真正理解惩戒制度的本质。“教育的工具价值在个体层面上可以概括为‘对未来生活的准备’，然而教育的意义并不只是生活的准备，它还是儿童真正的生活的过程。”②

党的十九大提出：“要全面贯彻党的教育方针，落实立德树人根本任务，发展素质教育。”其实解决的办法之一便是——做自己该做的事，讲

① 郑立平，张乐华. 教师必须掌握的教育惩戒艺术［M］. 北京：中国轻工业出版社，2015：2.

② 蒋一之，等. 惩戒教育的理论与实践［M］. 杭州：浙江大学出版社，2016：26.

究方法和技巧，梳理知识和战术，留有班级管理的空白，多元化实施惩戒制度，发挥惩戒制度的长效作用。实施创新，“努力办好更加富有活力的教育、更加时尚美丽的教育、更加独具魅力的教育”，达到“明月有情枝上来，静等花开自有时”的效果，事半功倍。

虽是高中生了，但班级里还有位孩子经常咬手指，手指上带着吐沫，有时不小心还会碰到别人的用品。恰巧同桌有洁癖，可想而知生活习惯上就是“针尖对麦芒”“火星撞地球”，火花四射。从最初的和平相处到持续冷战，再到最后的剑拔弩张，关系一波三折。两人关系就像个炸药包，随时点火爆炸。如何处理好二人的关系呢？我也忧心忡忡。

最初听到学生的反馈，我及时做了几种解决的规划和设想：

一是快刀斩乱麻，换位。变相地挑明二者有矛盾，会引起全班学生的猜疑和议论，这是尊严上或道德上的惩罚。康德曾根据个体感受到痛苦的两种原因把教育惩罚分为道德的惩罚和自然的惩罚两种。① 同学们的眼睛是雪亮的，但效果不一定好。这种最直接、最武断，短时间内就能解决眼前问题的方法，治标不治本。两人都可以说有“心理上的问题”。换一个同桌就能解决问题了吗？如果换的同桌也有一些没有发现的问题，该如何解决？解决不好，继续恶化，班级岂不大乱。教室空间已经满员，“一个萝卜一个坑”，调谁都会“牵一发而动全身”，还会引起全班学生的注意力，“无事生非”“浮想联翩”，最后得不偿失。长远来看，要学生成熟起来，学会如何处理彼此的关系，改掉自身的问题，促使学生身心不断健康成长，才是教育的要义。

二是开门见山，直接谈。我曾设想直接挑明他们彼此的问题，“开宗明义”，直述其中要害，使其克服各自的问题，和平相处。这种假设被彼此的反应直接否定了。后来家长和我的交流也证实了这一点。家长说：“说俺孩

---

① 蒋一之，等. 惩戒教育的理论与实践［M］. 杭州：浙江大学出版社，2016：30.

子指甲长让她难以忍受捎话让我们去剪，孩子没剪又让她气愤不堪。我想问谁有这个权利能去干涉别人生活中的自由，你让同学捎个话我们就要去做？而我们的脏折磨得让她如此不堪，以至于如芒在刺、如鲠在喉两天请假不上学，前几天回家（她走读）每天哭哭啼啼闹着不和俺孩子坐一起。”公开谈话已经无效，第二条路走不通！

三是静等花开，清风自来。恰当运用惩戒，发挥惩戒的长效作用。在教师控制的范围内，静等花开，让学生彼此的问题慢慢地暴露，了解双方问题的“底线”。让学生明确走向社会后，我们不会预见到和哪些人打交道，无论任何人我们都需学会忍耐和相处。在不违反原则的前提下，适当退缩和让步，是为了让自己走得更快和更远。否则，短时间内的负气行为，往往适得其反，得不偿失。“青年初期的理智与意志发展水平是有规则水平上的判断力，有建构规则的意识和能力，有自制的要求和向自律发展的趋势。”①

“静等花开，清风自来”不是不作为，而是悄悄地有针对性地作为，根据问题的暴露，采取针对性的措施。比如，自习课或课堂上悄悄地走过去看看该生有没有咬手指，如果有，就适当地提醒。在保护学生自尊的前提下，“润物细无声”地解决问题。业余时间及时点评一两句，鼓励一下学生，暗示学生他很优秀，从学生的眼神中便能深深感受到他完全理解老师的所作所为。最后的期末考试，他又再一次回到最初的学习水平。

在处理时，更要引导学生思考每件事可能带来的后续影响有哪些，着力点是学生的核心素养和行为习惯，是发挥长效机制。学生发展核心素养基本内涵之一便是健康生活。“主要是指学生在认识自我、发展身心、规划人生等方面的综合表现。具体包括珍爱生命、健全人格、自我管理等基本要点。”②不要一股脑地只想着自己，陷入个人主义泥潭。这件事既教育了

---

① 江峰. 康德教育学中的惩罚理论及儿童心灵学说［J］. 教育学报，2014（2）：9。

② 宇文森. 核心素养导向的课堂教学［M］. 上海：上海教育出版社，2017：31.

学生，又引导全班学生学会处理人际交往，形成良好的班风和班纪。

作为班主任，在反思该事件时，有时也诚惶诚恐。对学生来讲，在高中阶段的生活和时间维度永远是单一的，不可重复的。马卡连柯说："任何教育都应该是尊重学生与严格要求学生相结合，应该尽可能多地尊重一个人，也尽可能多地要求他。"[①]教师如果处理不当，对学生及其家庭会造成不可估量的伤害。该方法也是考量了学生的性格、行为、心理等方面综合因素，但不可照搬照抄。"教育应该围绕关心主题来重新组织。关心，而非传统学科，应该成为教育的中心。"[②]

"静等花开，清风自来"还可以结合"家校合育"，充分发挥家长、学校、教师的作用，为孩子的健康成长保驾护航。记得一篇《等待戈多》的剧评中说，尽管剧中所要等待的戈多最终也没有露面，尽管剧中所展示的世界看似那么荒诞、残酷和不可思议，尽管在这个看似荒诞、残酷和不可思议的世界中，把现代生活中那种人的处境之尴尬，人们寻求和期待之遥遥无期，刻画得如此入木三分。虽然我的等待不一定会有花开，但总有一种梦想、一种力量，鼓舞着我不断前行，实现自己的教育梦想。

"明月有情枝上来，静待花开自有时。"希望我的学生如苏霍姆林斯基所说："永远要考虑到：周围的人比你有修养，这样，你在人际关系的世界里就比较好处。这样做，就要培养严格要求自己、自我监督、对自己的坏毛病不妥协的品格。"[③]让有利于身心发展的惩戒常驻心田。

---

① 郑立平，张乐华. 教师必须掌握的教育惩戒艺术［M］. 北京：中国轻工业出版社，2015：161.

② 〔美〕内尔·诺丁斯. 学会关心：教育的另一种模式［M］. 于天龙，译. 北京：教育科学出版社，2014：179.

③ 〔苏〕苏霍林斯基. 怎样培养真正的人［M］. 蔡汀，译. 北京：教育科学出版社，2012：202.

想说惩戒不容易

青岛第十九中学　张　宁　王梅智

如今的中小学生很大一部分是独生子女结合下的新一代独生子女，一个学生面临父母和爷爷奶奶、姥姥姥爷的“2+4”管理模式，集万千宠爱于一身，用“衣来伸手、饭来张口”形容一点不为过。高素质家庭培养的孩子基本不用担心，整体教养都会比较优秀，家长也越来越重视孩子的综合素质提高，起点高的家庭在孩子的教育上享有更优质的教育资源，且有经济实力承担孩子相应的超出学校教育这一块的其他付出，所以优秀的孩子越来越优秀。同时我们也看到，“小霸王”“小公主”们在学校过得不如意时，家长动辄就找老师、找学校领导，打投诉电话，上网发动舆论攻势，等等。平时担心孩子吃不饱穿不暖，隔三差五地问老师孩子的表现，连放在书包里的牛奶也要给班主任打电话让老师提醒自己的孩子别忘了喝奶，班主任都成了家长的“传话筒”。碰上不讲理的家长，在办公室都能跟班主任胡搅蛮缠、大吵大闹，不配合学校做学生的思想工作，问题学生后面就是问题家长。而且目前关于教育惩戒的话题都是“欲语还休”，那么多的理论文章很少有敢举例说明怎么处理学生的，法律法规的不确定性，惩戒和体罚的界限难以界定，使得班主任工作很难做、不知道怎么做，为了评优、晋升职称等还又必须有班主任年限，所以班主任工作就成了不得不做的事情。

在管理班级中不可避免地会碰到一些突发事件或者处理一些犯了校规校纪的学生，如果批评不当或者恰好碰到极端想不开的个例，造成跳楼自杀等教学事故，一个家庭会支离破碎，老人跟着黯然神伤，老师的职业生涯也将终结，还要承担相应的责任，更有一生的道德谴责和良心难安。这些使得老师越来越不敢管学生，班主任工作成了和医生一样的“高危职业”。到底在学生犯了错误之后该如何惩戒学生？惩戒的“度”在哪里？老师们该如何实施惩戒？这就是我们所要研究的问题所在。

一、研究背景以及现状

最近20年的中国教育，“赏识教育”“愉快教育”等呼声一浪高过一浪，众多追随者普遍信奉好孩子是“夸”出来的。与之相“匹配”的是，现在的老师们也越来越普遍地达成了这样的“共识”：不敢多批评孩子，更不用说惩戒了。这就带来了一个问题，学生从小缺乏惩戒教育，越来越难于管理，问题学生也越来越多，让老师、家长和社会都头疼不已。据了解，义务教育阶段，老师们最头疼的是来自问题学生的直接对抗和挑衅，尤其是初中，孩子处于青春期逆反高发阶段。某初二学生晓航（化名）在任课老师眼里简直就是个小“恶魔”——骂老师、打同学、破坏课堂纪律、参与校外抢劫！一位教龄近30年的老教师无奈地说，现在的孩子个性越来越张扬了，没什么怕头。老师和孩子一旦产生矛盾和冲突，社会舆论和家长都目标一致地指责老师，强调老师的服务意识，这让老师对问题学生都不敢管！一旦管过火了，老师轻则受处分，重则离岗。从法律法规层面上也很难找到可执行的操作。一般认为教育惩戒是针对学生的行为，通过对学生身心施加某种影响，使其感到痛苦和羞耻以达到使其悔改之意，从而达到矫正的目的。

二、立法层面的支持

中国曾经一度放弃惩戒教育。《中华人民共和国义务教育法》第二十九条规定：“教师应当尊重学生的人格，不得歧视学生，不得对学生实施体罚、变相体罚或者其他侮辱人格尊严的行为，不得侵犯学生合法利益。”法律明确了禁止行为而未提及惩戒权力，根据未授权即无权的法律原则，义务教育阶段的惩戒权显然被法律剥夺。虽然学校根据有关规章制度可以对违规学生施以诸如警告、记过等纪律处分，但是此类惩戒不具备任何强制制裁性质，实际效力几乎为零。那么，对于品行不端的学生应该如何惩戒呢?《中华人民共和国义务教育法》第二十条规定："县级以上地方人民政府根据需要，为具有预防未成年人犯罪法规定的严重不良行为的适龄少年设置专门的学校实施义务教育。"由此可见，中国法律将学校的惩戒权赋予了特殊类学校，而中国普通教育的惩戒权实际上已经被剥夺。对于经常犯错误的同学、扰乱教学秩序的行为，老师管理起来越来越束手束脚。

大约在2002年，青岛全搜索电子报《教育周刊》收到了来自青岛市旅游学校邵竹君老师的一封读者来信《不缺激励，不缺沟通，缺的是管教》。当时，报刊以"学生欠管教吗"为话题做了一系列追踪报道，不但在青岛引起了热烈的反响,《中国青年报》更是全文转发，掀起了一场全国范围内的教育大讨论。

2017年2月4日青岛市人民政府令第252号（2016年12月30日经市十五届人民政府第128次常务会议审议通过）公布了地方性规章《青岛市中小学校管理办法》，在全国具有示范意义。其中特别提到"中小学校对影响教育教学秩序的学生，应当进行批评教育或者适当惩戒"。这是青岛率全国之先，在地方教育法规中首次提出"惩戒"的教育概念，再一次引发了全国热议。而一些老师将教育惩戒等同于教师惩戒，将教师惩戒理解为负面意义上的体罚与变相体罚，而不能对教育惩戒和教师成绩做出较合理的界定和区别，这使得教育惩戒实施难度相当大。一旦老师在实施惩戒过程中不能把握好尺度，造成了不良后果，家长、社会就会利用网络或者新闻媒体大肆追踪报道，赚足了人们眼球的同时也严重打击了老师们的管理积极性，任课老师上课完了就走人，班级管理工作就是班主任的事，要想真正实现"齐抓共管"还是要有很长的一段路要走。

在美国，教育惩戒主体具有多元性特点，执行的程序也比较严谨。课后留校等轻微惩戒由校长或其委派教师进行，少于10天的停学处罚由校长做出，校董事会可做最严重的开除惩戒。在实施过程中，校内人员主要实施口头训斥等无关法律的惩戒；参加社区劳动、强迫其转学、被送到特殊教育学校等法律行为惩戒由学校联合校外机构来实施。惩戒程序严谨，从开出违纪行为的报告到实施惩戒，各环节记录详尽。

在英国，2014年2月，英国教育部发布《学校中的行为与纪律：给校长和教师的建议》，提出了管理和惩戒学生的官方建议。具体实施：处分措施包括口头训斥、额外工作或者重做作业直到教师满意为止、罚写特定作业（如写一篇日记）、扣留、学校中的社区服务（如清洁教室）、定期汇报行为表现、签订行为协议，额外体育活动（如在操场上跑圈）等。极端情况下，学校可对学生处以短期或长期停学。

在日本《学校教育法》规定："校长和教师，根据教育需要，可根据文部科学省的相关规定，对学生进行惩戒，但不允许体罚。"明确区分"惩戒"与"体罚"的不同，在出现非体罚教育需要时，教师有惩戒权，如放学后继续留校（允许出去吃饭，且在校时间不会长到给学生身体带来痛苦）；罚站在教室内；多完成一些学习课题或清扫任务；口头斥责多动学生等。

在韩国不仅允许体罚，而且对体罚工具等做了细致的规定，如规定对小学生、初中生可以用直径1厘米、长度不超过50厘米的木棍，对高中生可用直径在1.5厘米左右、长度不超过60厘米的木棍。男生只能打臀部，女生只能打腿部。实施体罚时初高中生不超过10下，小学生不超过5下。程度以不在学生身体上留下伤痕为准。

这些国家的措施中有我们经常看到的口头训斥、罚站等信息，但是他们都特别强调了在学生可以承受的范围内进行，不超过学生可以承受的负荷，特别注意不能与体罚画等号。在以往，教师体罚的主要方式有打耳光、打嘴巴、罚写作业几十上百遍、用教鞭打手掌和用脚踢屁股踹腿部等，被罚对象以学业不良和因违反纪律给班级扣分儿的男学生居多。虽然有些行为过激，但曾经在一段时间内的确是起到了震慑效果。随着网络信息化时代的到来，信息流通速度越来越快，个别老师的惩戒不当造成的社会舆论对教师的讨伐，使得我们很难再放手管学生，在处理问题的时候不免先想好自己的“安全”问题及管理之后可能要付出代价的问题，所以比以前更文明、更谨慎地行驶教育的惩戒权。惩戒教育需要有更加明确的立法支持和舆论的积极正面引导，不要让我们的教育在几十年后痛心疾首，家长着急而学校又难以作为！

三、惩戒的实施

体罚，是指通过对人身体的责罚，特别是造成疼痛而进行惩罚或教育的行为。成年人（如父母或老师）对小孩（子女或学生）身体使用的惩罚，可表现为各式殴打、罚站罚跪等。体罚是惩罚，不为惩罚而实施的则不是体罚，如体育课时跑步热身、定期段考等。体罚必然造成身体或心理的痛苦，不造成这两种痛苦的惩罚不是体罚，如私下罚站2分钟属于警告。但痛苦之有无，应考量处罚本身的合理性、受罚者的身心状况、施罚者的执行态度等，例如明知学生脚伤，却罚他站2分钟，是体罚；而对于上课打瞌睡的同学让他站着听课几分钟是一种警醒、一种提示，是为了更好地教育学生而采取的必要手段，不能当做体罚。

教育惩戒与体罚是包含与被包含的关系。如果试图将惩戒与体罚割裂也存在着巨大的困难。二者都是因学生不合规范的行为而对犯错学生采取的惩罚措施，其行为途径、实现途径难以区分。目的都是为了纠错和预防某种行为的发生。在实践中惩罚与体罚确实紧密捆绑，如不加以引导和规范容易将惩戒同化为体罚。

既然教育的目的是为了更好地培养学生良好的道德品质，是为了更好地引导学生的健康成长，那么自然就需要告知学生怎么做才是对的。就像我们作为国家的公民，要知道什么事情能做、什么事情不能做，一旦做错了就要受到法律的制裁，所以人人都要做一个知法守法的好公民。对于学生来说，入校第一课就要学习学生行为守则，从小学就教育学生来回路上该注意安全，上课要专心听讲，和同学要友好相处，班级公物要爱护，等等，从小学到中学到大学，再到社会上不断积累经验。

实施惩戒之前，要先有一定规则支撑，有班规、有奖惩措施，有理有据地实施惩戒。高中生有自己独立的思想和意识，是觉得自己各方面都比较成熟的时期，所以在制定班级规章制度的时候就要让学生参与进来。应充分发挥学生的主人翁精神，就他们以前学习或者生活中碰到的问题进行提前预设，应该怎么做，犯了错应该如何惩罚，惩罚的可操作性和能接受性也在学生自己的考量当中，让班规真正深入人心，取得绝大多数学生的支持与认可，实行起来就会事半功倍。当个别同学犯错的时候，在其他同学们面前他就先不好意思了，因为当初制定规矩的时候他参与并同意了，这样接受惩罚也就不再那么困难，同时也避免了教师和学生之间的对立，为形成良好的师生关系打下良好的基础。

在班规的制定上，从魏书生老师的《班级管理细则》中我们可以看到班规制定的方法与指导思想。班级设立常务班长、团支书、班委会、值周班长、值日班长、课代表等职务，每个人的职责非常明确。班主任不在时班级事务有人管，一个岗位的人员不在还有后续岗位的补充，确保班级运行平稳，没有任何纰漏。班务承包制，更是将班级公务承包到个人，每个人都有具体的责任分工，职责明确，充分做到了“人人有事做，事事有人做”。对一日常规从进入校门开始怎么做，到放学路上怎么背单词且不能边走路、边看书的安全管理都做了详细的规定。更有一周常规、一月常规的详尽生活指导。

为了细化学生的表现，我们制定了详细的奖惩制度，表现好了分别加多少分，如果犯了错误应该扣多少分，为班级做贡献、尽自己所能、只要有进步就有加分项。具体实施也有专人负责，所以最后通过量化分可以直观地看到学生对班级所做的贡献，为评优和学生综合素质评价提供了依据。使得制度的制定不是摆设，实施可操作性强，值得推广。

教育性惩罚应当注意以下一些问题：① 惩罚的目的是教育，不能为惩罚而惩罚；② 惩罚应当合情合理、公平、准确；③ 灵活运用惩罚；④ 惩罚与尊重相结合；⑤ 适当公开的惩罚应当充分发扬民主，力求征得广大学生的认同，获得学生群体的道德支持，这样也可以扩大惩罚的教育效果。在惩戒的实施过程中要注意策略与方法。不能一个方法针对很多学生，要真正做到因材施教，同时还要注意分场合，尊重学生的同时关注学生的承受能力以及学生的抗挫折能力与抗打击能力。对于脸皮薄的学生，当众批评可能就会脸上挂不住，很长时间不能调整适应，这时候我们就可以试着转化一下方式方法，将批评的形式隐含在表扬其他同学中。举例来说，在听写英语单词或者语文默写的时候，对于错比较多的本来想点名批评，但是碍于学生的好面子，就当众表扬全对的或者错一两个的同学，那么剩下没有被表扬的就是错误过多需要改进的同学，学生就心里非常清楚了。以后他们的努力方向就是要改错并努力追赶其他同学。

教育惩罚应坚持以下原则：① 师生平等，约法三章；② 依错而罚，人人平等；③ 判断客观，惩罚审慎；④ 态度诚恳，惩罚有度；⑤ 犯错即罚，言出必行；⑥ 罚前教育，罚后疏导；⑦ 改过自新，及时肯定。惩戒实施之后要定期关注惩戒之后的效果，关注学生的心理健康发展。如果单纯实施了惩罚而没有将教育再深化，就是将教育处理得过于简单化。

王辉则对我国有关教育惩戒的法规政策进行了分析，认为在这一层面上，我国的欠缺还很多，主要表现为：① 立法不足；② 缺乏完善的监督机制；③ 救济途径不明。他以此提出了五条合理实施教育惩戒的途径：① 制定切实可行的法律法规，使惩戒有法可依；② 开展调查研究，了解人们对惩戒权的真实想法，并予以正确引导，使社会对教师惩戒权有一公正的认识；③ 研究探索新的管理方式与手段，积极进行教育教学方法的革新，改变传统的管理方式，防止教师过于依赖惩戒；④ 建立完善的监督与救济体制，保证教师惩戒权的依法行使，对违法惩戒予以坚决制裁，保护学生的合法权益不受侵害；⑤ 建立非行政性仲裁咨询性组织，对惩戒权行使中的有关纠纷予以调解和仲裁。

目前的大环境越来越好了，家长的整体素质也越来越高，绝大部分家长能够配合学校做好孩子的教育工作。期待我们在一个更加安全、舒心的环境中推动教育的发展！

让遗忘的角落不再被遗忘

青岛大学附属中学　边建辉

你的教鞭下有瓦特，你的冷眼里有牛顿，你的讥笑中有爱迪生。

——陶行知

典型案例：

王××，男，初一、初二时学习成绩位于班级中游，级部400名左右。初二由于沉迷手机游戏，成绩下滑到级部四五百名。性格较内向，比较贪玩，缺乏自信，想学好，有学习积极性，但没有明确的目标，随机性很强，学习习惯不好，懒散。

案例分析：

从初三开始，我加强了对王××的关注和监督。通过和他几次推心置腹的交谈，基本了解了孩子的情况。同时也约了家长一起讨论他的学习情况，认为孩子有很大潜力可挖，但是不良的学习习惯和自信心的缺乏是影响进步的主要因素。只要能够帮助他克服不良的学习习惯，同时增强自信心，孩子的进步指日可待。

一、措施与效果

在我这十几年的教书经验中，我想，爱永远是教育的真正内涵。如果没有对学生的爱，任何的说服都无法打开一颗封闭的心灵。要用一定的耐心、一份特别的爱，用信任、鼓励和宽容去改变学生的状况。类似于王××这样的学生并不在少数，他们不仅缺乏父母的监督和学习自主性，更严重的是学习成绩的不断下降让他们缺乏学习的信心和动力。

给孩子一份信任，就搭起了一座沟通的桥梁。

缺乏自信心的孩子与一般孩子的差异不仅仅在行为上，更在心理上。在日常生活中，由于经常受到家长、老师和同学的批评甚至责骂，因而会滋生出一种抵触和自我保护的情绪。同时，由于缺乏学习的毅力和鼓励，缺点在改正的过程中会出现反复，因而容易使家长和老师对他们缺乏信任。家长、老师、同学之间缺乏应有的信任，往往又会造成师生关系、同伴关系、亲子关系的紧张，而这种紧张关系会严重阻碍学生问题的解决和进步。因而老师要充分信任学生，帮助他们找到值得信赖的感觉。

开学没多久，我发现王××有玩手游的问题，作业出现了完不成的情况。无独有偶，任课老师也反映他上课睡觉，很少听讲。但是，怎么解决呢？把他叫出来一顿猛训？还是叫他写保证书，说什么“永不再犯”之类的话？再或者在全班同学面前毫不留情地当面指出，使之无地自容，收敛本性？这些惯常的招数都一一在我脑海中闪现，可在一刹那，又马上被我一一否定：简单粗暴，没有人情味，且很难奏效。考虑再三，我在王××的面前拨通了他家长的电话。在电话里，我只字不提他玩手机的事，只是说他可能还没有适应初三的学习生活，心情不太好，在学习和生活上表现不够积极。通过这件事，取得了王××的信任，他也向我主动表态，以后不会再玩手游，全身心地投入到学习中。

二、给学生鼓励，就是为迷途中的孩子点亮一盏明灯

缺乏自信的学生对别人缺乏信任，同时对自己也缺乏信心。许多时候，他们会觉得，“我的问题太严重了，我怎么这么多问题，我就那样，改不了了”。所以，给予他鼓励和期待，鼓励他所取得的每一次小的成功，期待他会做得更好，就为他们点亮了心灵之灯。在教育教学过程中，我对

王××在学习和班级活动中所做出的努力，哪怕是一点点的进步都给予诚恳的鼓励，并对他寄予期望。著名的罗森塔尔效应给我们这样一个启示：外来的对教育主体的期望，可以转化为一股巨大的动力，在很大程度上影响着教育主体对目标的追求和实现。也许是出于对老师的感激，也许是在自己的努力过程中找到了乐趣。此后的日子里，王××经常找机会与我接近。我决定趁热打铁，一方面针对他在学习和活动中所取得的进步在班上公开表扬，帮助他在班上同学中重新树立形象；另一方面经常将班上的一些工作交给他去做，帮他建立自信心，让他明白自己也是一个有用之人，也应该为班级肩负起一份责任。经过一段时间后，我发现王××与初一、初二时相比仿佛换了一个人似的，整个人都显得精神多了，也开朗多了，和同学们的关系也有了明显的改善。唯一不足的是学习上还是不够努力，显得比较懒散，想到这可能与他以前的基础和习惯有关，我便经常主动地找他聊天，给他举一些前几届学生中成功的例子。在我的鼓励下，他在学习上认真了许多，也收获了许多，更重要的是他找到了学习的乐趣。

三、给孩子一些宽容，就会收获耐心等待后的一份惊喜

在改正错误的过程中，不会一次、两次就能顺利达到预期的目的。俗话说："心急吃不了热豆腐"，一些形成了不良习惯的学生，在改正错误的过程中常常会反复，所以要学会宽容，给他们足够的时间。宽容精神是学校成全教育观的体现，在成全教育观的引领下，我对宽容有了更深的体会和感触。我认为宽容就是成全，成全就是宽容，这是一种伟大的感化和引导的力量。在开学不久，王××的老毛病又犯了，学习态度开始变得自由散漫，上课注意力不集中，作业完成情况也很不好。起初，对于王××再次出现如此反常的现象让我大为不解，或许因为对他付出的比较多，因此对他的这一反复也多少有些恼火，真想狠狠地训他一顿。但冷静下来后仔细想想，恼火是解决不了问题的，暴风骤雨地训斥，气急败坏地说教，说不定会适得其反，前功尽弃。此刻，我立刻想到他是有进步的，出现反复也是每个孩子都会有的，我应该静下心想想该怎样进一步帮助他，而不是去责难他。记得把他叫到办公室后，他满以为我会劈头盖脸地对他一通训斥或者数落，所以一开始便装出无所谓的姿态。但当我把一杯热水递给他并充满关切地问他“这几天有什么不开心的事？你能和我说说吗”时，他竟然一下子显得不知所措起来。良久，他怯怯地问道：“老师，我知道最近我的表现很不好，你会怎么罚我呢？会通知家长吗？求你不要通知家长好不好？不然妈妈又会骂我的。”见他这样我也便单刀直入：“好吧，我可以答应你的要求，暂时不通知你的家长，但是你必须答应我的条件：第一，从今以后不可以再玩手机；第二，告诉我你最近遇到了什么事；第三，你告诉我，如果以后再犯，老师该怎么做？”他很坚定地答应了。之后我们聊了很久，从生活到学习谈了很多很多。他也就在学习和生活中遇到的很多困惑提出了疑问，我一一给他进行了解答。我相信那个下午他收获了很多，懂得了很多，对他今后的学习影响深远。

经过坚持不懈的努力，在后来的期初考试和期中考试中，王××的成绩稳步上升，名次稳居级部150～200名，在最终的中考自主招生考试中，更以优异的成绩被青岛第九中学提前录取。成绩固然可喜，但对于王××来说，收获的不仅仅是一所名校的录取通知书，更多的是学习态度的转变、对学习的认知，这也为他将来进入更高层次学习打下了一生的基础，这就是真正的成全教育。

爱永远是教育的真正内涵。如果没有爱，任何说服都无法开启一颗封闭的心灵；如果没有爱，任何甜言蜜语都无法打动一颗冰冷的心。唯有爱，能点亮心灵的灯盏，驱除蒙昧，收获希望。要做好学生的思想转化工作，就要给他们一份特别的爱，那就是信任、鼓励和宽容。

浅谈班级管理中的教育惩戒应用

青岛第十九中学　孔祥梅

教育惩戒是带有手段和目的的一种教育方式，是教育中对存在问题学生的一种善意提醒，也是避免学生再次出现此类问题的一种方式，是对学生的一种正确性引导。作为一所寄宿制学校，学生一周六天在学校度过，想让所有的学生都不出现各种问题也是不现实的。学生出现问题不可怕，可怕的是学生出现问题之后不能及时管理和纠正，这样就会造成学生出现的问题越来越难管理，而且学生之间会引发传染效应，一个学生出现问题不及时处理，那么就会出现第二个、第三个，班级里面一些自制能力比较差的同学就会受其影响，出现连锁效应。

在我的班主任工作中经常出现的问题可以分为这么几大类：第一类是违反班级规定，如上课睡觉、自习说话等；第二类是违法校规校纪，比如宿舍扣分，手机不上交或者携带两部手机，男女交往过密等。对于出现第一类问题的学生，比如晚自习学生睡觉的情况，其实偶尔晚自习睡觉调整一下并没有什么不好，不过俗话说“过犹不及”，有些学生在晚自习休息的时间已经远远超过适当的长度，对其成绩造成了不小的影响。而且学生晚自习睡觉会引发其他同学效仿，影响班级整体的学生学习质量，一开始对出现这些问题的学生，我首先是对学生动之以情、晓之以理地教育，让学生认识到自己的这种行为会影响自己的学习效率，久而久之会让自己的学习一落千丈，最终对学习失去兴趣，在当今这么一个极速发展的时代，知识是你立足于这个社会的重要武器之一，这也是自己证明自己能力的一种方式，如果不能很好地管理自己，那么最终也很难在社会上有很大的成就。大部分同学经过教育之后都能克服晚自习睡觉的不良习惯，学习效率和质量也都有了很大的提升，但是也有少数同学时间一长可能还会出现这样的问题，那应该怎么办呢？我也很是着急，学生成绩的下降和自控能力的降低都不是我所愿意看到的结果，通过课下与同学的交流和我自己的观察，我对这些学生睡觉可能存在的原因进行了分析：一种原因是学习知识点比较难，学生前期积攒的问题比较多，越来越没有学习的信心，开始逃避，用睡觉麻痹自己；还有一种原因就是学生最近遇到了一些与学习无关的问题，比如，沉迷网络游戏无法自拔，和一些异性朋友交往过密，自己无法专心投入学习中，以至于有些想要酷的思想，觉得自习课睡觉没有什么大不了的。

针对学生出现的这些问题，我有针对性地展开了对他们的帮助，对一些觉得知识点难学想放弃的学生，我会让他晚自习的时候去我的办公室，完成一张物理学业水平测试的题目，一是我可以对他们的学习程度和态度能有一个简单的了解，二是让他们能够客观地分析自己。在学生的试卷完成之后，我会和学生一起分析他在学习中存在的一些问题，分析这名学生身上的一些优点和缺点，鼓励他们重拾学习的信心，向他们灌输一种世上无难事、只怕有心人的思想，努力应该是他们现在最应该做的事情，睡觉只会让自己的处境越来越糟糕。我也会在私下和一些任课教师沟通，加强上课对他们的关注度，对这些学生只要我看到他们在睡觉，我就会让他们去办公室完成试卷，这样过了一个星期之后很少看到这些学生在教室内睡觉的情况了。我认为在没有耽误学生的学习情况下，对学生的思想完成了一次转化，也是一件很开心的事情，让学生付出努力，是惩戒必不可少的，学生在付出的过程中，会体会到老师是为他们着想，也会体会到自己确实不应该出现睡觉的问题，而应该努力拼搏，让自己变得越来越好，毕竟三年转瞬即逝，不应该在最需要拼搏的年纪选择放纵自己。对第二类违反校规校纪的学生我会进行几天的观察，对他们宿舍的午休、晚休做一个了解，观察他们在学校的一些表现，及时向家长提供意见反馈，让家长及时了解孩子在学校的一些具体表现情况，当他们使用手机，或者出现男女交往过密的问题时，能第一时间争取家长的支持和信任，在按照学校相关规定对学生进行处理时，家长会和老师站在一条线上，协助老师做好孩子的相关教育工作，让学生知道违反学校的规章制度就要受到惩戒。

对造成经常性宿舍扣分的学生，我会选择让学生背诵英语作文，让学生知道自己犯了错误是需要承担责任的，需要用自己的实际行动弥补所犯的错误，久而久之减分的学生也就越来越少。

教育惩戒是一种特殊的教育方式，是为了“戒”，即戒除、预防是目的，强调了教育结果和目的的达成，其目的是为了学生的进步。在惩戒活动中手段与目的并存，教师往往通过给学生身心施加某种影响而带来教育效果，使其感受到对错、荣辱、愉悦、痛苦等，以促使其悔改，从而达到矫正错误行为的目的。

剑悬当头更具威慑力

青岛第十九中学　王梅智　张　宁

家是最小国，国是千万家。在千千万万的家庭中，每个人都做着自己的分内事，既是为了小家，也是为了国之大家。但生活无疑都是在国家的法制法规之下，每个人遵纪守法努力，做好自己的本职工作。而小到一个学校，由不同的班级组成，要想带好一个班就必须要有合理的班规，要想管理好一个学校，那就需要有适合所有学生的大的方针政策，也就是每个学校独具特色的校训、校规校纪。比如我们十九中的学生就人手一册《中学生行为守则》，详细地列举了小到每天的作息时间，大到学校的规章制度、社团活动指导、中学生日常行为规范、宿舍管理制度以及违反了校规校纪的处罚措施。让学生读下来对自己高中三年生活应该怎么样度过有个大致的了解，什么事情该做，什么不该做，又应该如何做，都有比较清楚的了解。对于一个学生来说，校纪班规就是悬在学生头上的一把剑，有了警示，学生才能在规则制度下学会自我约束与自我管理。

规则一般指由群众共同制定、公认或由代表人统一制定并通过的，由群体里的所有成员一起遵守的条例和章程。一个国家的规则是以法律为准绳，谁也不能践踏法律的尊严，要做个知法守法的好公民，不为社会添负担。每个党员都要遵守党章，努力践行社会主义工人先锋队的模范带头作用。作为一个学校，要想有好的秩序和优异的成绩，必然要有奖惩制度。每个班级在学校制定的大方针政策的前提下可以详细制定自己的班级管理制度。学校的校规校纪是强制性的，每个同学都要无条件执行，小到每天穿校服，不迟到早退，有事要请假，大到生涯规划指导。班规是具体在班级生活中我们应该遵循的行为规范。

我们说良好的制度要更具有执行力，必须是符合大部分学生利益的，让大家能共同约定并遵守的。所以在接手一个班级的时候，我们先通过军训培养孩子吃苦耐劳的品格，并从训练中观察学生的品行与特点，学生之间也逐渐熟悉，通过举行一些活动选拔并培养班干部，逐步制定班规。班规可以通过学生之间的讨论，也可通过老师指导下的一些活动，集体制定并通过的规则可执行力要更强，个别违反纪律的行在集体的洪流中也比较容易处理。能否形成积极团结向上的班级氛围，有良好的班级凝聚力，要看班主任的工作艺术和行为处事方式，一个公平公正的老师，不管如何处理犯错学生，学生心理上都能较容易接受；如果处事有失公允，不能一碗水端平，必然会民心尽失，班主任工作寸步难行。

著名教育家魏书生先生在班级管理中的规定给了我很大的启发。管理工作并不需要班主任事事亲力亲为，而是强化了规划、决策过程中的学生民主参与。他们师生共同制定的“班规班法”，涉及的范围很广，有思想教育、学习检查、纪律监督、多种体育锻炼、卫生保健，做到事事有人管，人人有事管；内容涵盖了学生德、智、体、美、劳及学生在校生活的各个方面。他通过引导学生自主参与制定班规班法，既使学生的意志与愿望以及管理潜能通过合理渠道得到了充分的满足与发挥，又大大密切拉近了师生关系；同时由于学生有为自己的目标负责的倾向，所以它容易使学生对自己的行为产生巨大的自我约束能量，在班级里人人都是管理者，人人又都是被管理者，管理因时而动，权力彼此制约，而教师则处在一个驾驭、服务的位置上，在客观效果上，减少了学生对管理的抵触以至对抗的情绪，极大地提高了教育管理的实效。同时作为一个具有丰富经验的教育工作者，魏老师还通过学科教学中写作文的方式将问题抛给大家思考与讨论并解决问题，将可能发生的问题消灭在萌芽状态。所以有班规，人人都认真遵守形成习惯便不会觉得受约束，相反处理起来还游刃有余，在规则下学得更好，将来到了社会上才能更好地遵守社会的法律法规，不钻法制漏洞，不做违法乱纪的事情，做好自己的小事就是不给社会和国家添乱，还能为自己的小家生活得更幸福尽自己的一分力量。

班规的制定除了要实现师生共同愿望，达到更好的育人目的之外，还要注意公平性和合理性原则。规则的制定是为了所有人共同遵守，在实施过程中要注意可操作性。前阶段网上盛传的一个老师制定了班级管理规定，迟到几分钟就罚做几个俯卧撑。有一次老师因事迟到了，主动在学生的监督下自罚了俯卧撑，赢得一片喝彩。从表面看制度人人要遵守，老师错了也甘愿认罚，但是反过来想，对于能轻松做俯卧撑的人来说，罚做几个俯卧撑没什么，做完了就翻篇了而不一定有深刻的警示作用，我们惩罚是为了更好地抑制不当行为，免其再犯。而对于做不了俯卧撑的人来说哪天他就是不舒服迟到了，根据班规处罚，还没有给其申辩的机会，没有因势利导，在惩罚过程中还是耽误了上课，因为一两个人的错误而要全体学生买单，可贵的45分钟，因为一段俯卧撑的小插曲就可能分散一部分的注意力，很长时间难以回到学习的主轨道上来。所以我们制定的班规要有可操作性。例如对于无故不跑操的同学，可令其下午课外活动时间在班委会的监督下围着操场跑个三五圈，视学生身体状况而定，小惩大诫，既锻炼了身体，又能惩戒不参与跑操的错误行为。

所以规则是为了有更良好的秩序，不是为了惩罚某些人而设的门槛。只有不遵守规则的人才会受到相应的处罚。我们的惩罚措施也要尽量少执行，而是要多引导学生往正能量方向发展，在一个积极上进的洪流中，个别偷懒懈怠的同学看到身边的人都那么努力就可能会觉得不好意思，自习课想说话的同学可能也就因为大家都很安静地学习而不好意思破坏良好的学习气氛。要倡导学习环境是大家的，需要所有人的共同努力与维护。对外，自己代表的是班级形象，出了校门则代表一个学校的形象，走出国门就代表了国人素质，所以我们要对自己负责，努力提升自我。

治大国如烹小鲜，管理班级也需要智慧与因势利导。在日常的管理中，管是为了更好地不管，在校规校纪与班级细规则下时刻将规矩清晰调理地放在学生面前，让学生知道自己什么该做、什么不该做，谨记不要触犯，心理上始终绷着安全绳。

呼唤教育惩戒　回归教育本质

青岛市崂山区第一中学　薄纯钢

现阶段高中的教育管理中，很多教育工作者对于教育惩戒的把握不是很到位，要么使教育惩戒最终演变为体罚，要么不敢使用教育惩戒，这大大降低了教育的质量，使管理学生的工作变得难上加难。

一、不能丧失教育惩戒

曾经有则新闻，一所高中的几名女学生对一名年轻的女教师进行羞辱，而教师却只是一味地批评，学生一边进行羞辱一边还不断挑衅："有本事你打我们啊？你敢吗？你敢打我们一下我就告你侵犯我们的人身权利。"最终这名女教师不堪重负，辞去了工作。

现如今为了保护未成年人的身心健康，体罚受到了社会的广泛谴责，以至于很多教师对于教育惩戒这种教育手段根本不敢使用。家长以及社会对于未成年人的过分保护，导致教师成为现在的弱势群体，对于屡教不改的学生毫无办法。

教育惩戒这一教育手段是十分必要的。这种教育手段能够使学生对自己的错误行为进行深刻的反省，同时还能够提高学生的自控能力，确保学生能够时刻注意自己的行为规范。由于信息技术的快速发展，高中生十分容易受到外界的干扰，并且由于年龄的原因，会缺乏分辨是非的能力，学生受到不良环境的影响后，整个人的行为以及思想都会发生很大的变化。在这个时期如果犯了错误，教师还只是单纯地进行批评教育，缺乏力度，通常难以达到教育的目的，所以适当的教育惩戒对于学生的健康发展有积极的作用。

二、掌握教育惩戒的方法

（一）参考外国的教育惩戒经验

通过对一些国家的教育惩戒进行分析，能够了解如何更好地使用教育惩戒，使其既能达到教育目的，又不会演变成体罚，触犯法律。

从国外一些案例中我们能够清晰地发现，一些国家对于恰当的教育惩戒是赞成的，同时教师们也能够进行合理的运用，从中我们可以明确，教育惩戒需要在批评教育不起作用的情况下使用，同时还要保证学生的身心不会受到伤害，并能够让学生真正地进行自我反思，从而达到教育惩戒的目的。

（二）掌握教育惩戒的艺术

由于我国的法律对于教育惩戒与体罚之间的界限划分不是很清晰，所以教师在使用教育惩戒的时候一定要把握好尺度，让教育惩戒规范化进而巧妙，让教育惩戒的过程充满教师对学生的爱。

比如在教育惩戒中应同时关注学生的优点。高中生都处于叛逆的时期，犯错误是很正常的，即便是经常犯错误的学生，身上也不乏闪光点，教师要能够在实施教育惩戒的同时抓住这些闪光点，并对学生的优点进行适当的赞扬，这样就能够避免学生产生逆反心理，学生就不会认为老师只会挑自己的毛病。

例如，某数学教师正在讲台上讲解旋转与平移的概念，有一名平时就比较活泼开朗的学生在下面窃窃私语，教师走到他身边进行了暗示："如果有人在我的课堂上不认真听讲，那么我就让他切实地体会一下什么是旋转与平移。"可是该学生对于教师的暗示完全不予理会，数学教师将其叫到讲台前，面带微笑地把住学生的肩膀使其旋转，并告诉学生这就是旋转，之后又将学生向前轻轻推了一下，告诉学生这就是平移，在学生回到座位以后，数学教师又补充道，能够滔滔不绝的学生必定是十分聪明的，如果他将大部分精力都用在学习上，那么一定会取得不错的成绩。从此以后，这名学生在上数学课时注意力非常集中，成绩提高得十分快。如果掌握了教育惩戒的技巧，就会使其变成一种艺术。

三、避免进入教育惩戒的误区

教育的目的是为了让学生的身心得到健康的发展，教育惩戒作为一种教育手段自然也是一样。但是目前有个别教师进入了一个误区，完全扭曲了教育惩戒的目的，并不是为了教育而惩戒，而是为了惩戒而惩戒，以致偶尔出现极端的状况。这就需要教育工作者不断地提高自身的素质，强化教育技能，认清作为教育工作者的职责所在，时时刻刻为学生考虑，对学生有足够的关爱。

教育惩戒的实施有几个原则是需要注意的。

第一，要在批评教育失去作用的情况下使用；

第二，要注意教育惩戒实施的场合，不能在大庭广众下实施；

第三，要结合学生的心理需要，充分了解每个学生的犯错心理，避免适得其反。

教育离不开教育惩戒，教育惩戒是教师们应该有的权力，也是促进学生健康成长的必要保障。因此，应合理使用教育惩戒这把“双刃剑”，更好地达到教书育人的目的，回归教育的本质。

心灵的答卷

青岛第六十一中学　王　蕾

背景简介

在我当班主任的时候，曾经遇到过一个非常棘手的问题—— 一起人数众多、性质颇为严重的作弊事件。

当时我担任两个班的英语教学工作，同时是一个班的班主任。有一阶段我们班很多学生不愿意上语文课，他们找我反映说语文课很枯燥而且要求背诵的东西太多。正因为学生们的这种认识，所以那几次考试班级的语文成绩不是很理想。我找了部分同学谈心，引导他们正确认识语文课的重要性，可是效果不是很明显，我冥思苦想，想要解决这个问题。

语文课代表在课间找到我说，为了帮助其他同学掌握语文语法知识，她征得任课老师的同意，打算在自习课上组织同学们进行语文测验。我当时就同意了她的建议。测验结束后，班长向我汇报“一切正常”。我正为学生的自觉行为感到高兴，准备给全班同学一次嘉奖，岂料课后学生反映，测验时看书的人不少，而且很多同学都相互传纸条，包括班长在内。

处理方法

怎样处理这起作弊事件呢？在全班同学面前直接提出这个问题？责令作弊者自动坦白？要求知情者检举揭发？把嫌疑分子一个个叫来办公室审问？……我极力压抑住心中的怒火。可是转念一想，这样的办法有什么积极的作用呢？如果处理不当的话，还可能在同学们中造成不好的影响，达不到教育他们的目的。

怎么办？考虑一段时间后，我决定采取比较宽容的办法来达到目的。第二天上课时，我神情自若，像什么事也没有发生一样。我在黑板上写下了一句名言：“在真相肯定永无人知的情况下，一个人的所作所为，能显示他的品格。”接着，又给学生讲了一个人在回忆自己十多年前一次考试作弊时的懊悔心情。同时告诉他们，他们想在考试中取得好成绩的想法是好的，说明他们很有上进心。但是如何取得好成绩呢？是靠平时的努力刻苦还是考试时的投机取巧呢？说完以后我要求每个学生记下黑板上麦考莱的这句名言，同时要求他们写一篇体会，题目是“心灵的答卷”；然后又让同学们小组讨论，最后找一部分同学起来发言。我平静、沉着的态度，大大出乎学生们的意料，而麦考莱的名言则深深震动了学生们的心灵。

教育成效

第二天，每个同学都交出了惭愧、悔恨的“心灵答卷”。接着，我趁热打铁，找到几个作弊情况严重的同学促膝长谈，让他们充分认识到了自己的错误。从那以后，我们班的很多次测验中，无论老师在还是不在监考，同学们都能严格要求自己，自己答自己的试卷，再也没出现作弊的现象。显然，我对这次作弊事件的处理是卓有成效的。它的教育影响是十分深刻而久远的。

反思感悟

我在处理这次作弊行为时，没有采用严厉批评、追查责任的惯用方法，而是依据学生做了错事心里不安、知错欲改的心理，采取了一个足以震动学生心灵的措施——要求每个学生记下麦考莱的名言并写出心得体会，巧妙地把自己的教育意图隐蔽在友好和无拘束的情境中，把教师的教育要求转化为学生自己的需要，使学生把这种教育要求当作自己的意图提出来并加以执行。在这个过程中让学生明白了这样一个道理：要想在考试中取得好成绩只有靠平时的努力刻苦！在小组讨论中，他们已经认识到自己的错误。这样，学生既接受着教师的教育，又不感到自己是教育对象。我在处理这起作弊事件中，根据学生当时的心理状态对症下药，分寸得当，采取的“宽恕”态度激发了学生的自我谴责、自我教育，这种宽恕产生的道德上的震动比责罚要强烈得多，确实效果很明显。

自虐学生教育点滴谈

青岛第五十八中学　王立松

随着学习压力的增大、竞争的增强以及生理方面的变化等，当代中学生的心理容易出现失衡，继而出现思想和行为非常态化现象。自虐就是其中的一种。自虐的特点是，通过伤害自己造成一定的精神满足感。从一定程度上看，这是一种精神分裂的体现。美国心理学家彼特认为：世界上大概有一半人具有自虐狂倾向，他们觉得自己浑身都是缺点，事事与愿望相违背，丧失自信心。对这类学生的教育要求教师更有爱心，还得更讲究方法。我曾经尝试用冷处理的方法，救助一例自虐、狂躁症，效果较好。

女生王某是一名教师的孩子，很有个性，聪明、自负，学习成绩较好，自高二分到文科班以来，老师们比较看重，她渐渐自大起来。一次，她与几个同学晚自习迟到，受到我的批评，其他同学反映很正常，而她的表现令人惊讶。她刚回到自己的座位上就把书摔在书桌上。为了不影响其他同学，我把该生叫到教室外，在走廊上批评了这种做法，结果她突然暴跳如雷，歇斯底里地喊叫，并用拳头狠狠地捶打墙壁，拳上带血也毫不在意。该女生长相文静，而此时暴躁地就如换了一个人。尽管当班主任多年，这种情形我还是第一次遇到。我想，一个女生有今天这样的举动绝非偶然，必有其深层原因。学生情绪失控但班主任不能失控，相反必须更加冷静。为了缓和紧张的气氛，我先将其领进办公室，然后通知家长来校。即使在办公室里，当着家长的面该生也不能自控，我和家长还没有谈上几句话，她就摔门扬长而去。家长说，孩子从小就这个脾气，不是不管她，可不敢管重了。有一次，对她说重了些，她就拿起刀子割自己的手腕；她愿意留短发，像个假小子；看日本卡通画入了迷，严重影响了学习。听家长这么一说，我才搞清楚该生发怒时的表情特别像卡通画上人物的原因。家长很是愧疚，连连致歉。通过交流，我大致了解了孩子的情况。开始家长与孩子交锋时，因为孩子自虐，家长不得不妥协，没有找到很好的解决办法，对孩子几乎是放任自流，孩子做事无法无天。这之前的学校教育，教师可能怕惹火烧身，一味迎合学生，应付家长，进一步滋长了孩子的骄横情绪。

狂躁、自虐是解决这一问题的“拦路虎”，等学生平静后立刻对其说教，我想前面肯定有教师做过，这样的效果甚微。分析该生特点，争强好胜、自尊心强、比较聪明、成绩较好，考虑再三，我决定尝试一下冷处理方法，即采用“围而不打”的方法令其反省，在其有所悟后，再慢慢做思想工作，其必有思想上的飞跃，从而根治顽疾。

首先，降低老师对该生在课堂上的关注度，由原来的经常提问变为不提问，同时加强对其周边学生的关注。其次，在管理上适当放任，欲擒故纵。你不是爱看卡通吗？当着老师的面尽管看，老师没收一切非法的书籍，对该学生看卡通却视而不见，等等。暗里，我加强与家长的沟通，防止该生自暴自弃。王某渐渐支持不住，开始发生了一点微妙的变化。过去她离校从不请假，现在离校她要求家长给我请假了。我嘱咐家长，想办法让孩子给我请假，一方面缓和师生关系，另一方面便于我了解请假的原因，观察其思想动态。如此一段时间，终于迎来解决问题的关键时候。

由于王某课堂效率差，课下又不努力，因此学习成绩下滑严重，期中考试她的学习名次比上一次落后了100多名，而班级大多数学生的学习成绩都有了较大幅度的提升。当我在班上大张旗鼓地表扬进步学生的时候，她深深地低垂着头。我想，较大的反差可能打击到了王某的自尊心。期中考试后，她开始有了明显的变化。我从家长那里了解到，她在家不看卡通书了，晚自习回家后也开始学习了，有点像置之死地而后生。

不愤不启，不悱不发，在其学习态度有所转变时，思想工作就非常必要了。我主动找她谈心，了解其学习状况。与上次的歇斯底里相比，这次她温顺得像个小绵羊。其实，从家长那我已经了解了她最近的表现，和她交流，让她主动开口，能激发她的上进心和责任心。我表扬了其上进的各种表现，分析了她前期落后的原因，比较了她与其他同学的差距，希望她发奋努力，迅速赶上。尽管我说的不多，但这些话对此时的她有着特殊的影响，能产生较大的效力。至此，冷处理的冷由温情代替。

通过这件事，我有如下的感受。

第一，教育学生时，必须关注学生自身的特点，因材施教，什么样的材料，用什么样的方法。对自虐特点的学生，要搞清自虐形成的原因。如王某，父母宠爱有加，有较强的自尊心，不可能自暴自弃，适合冷处理。而其他类似处理，却可能导致学生"破罐子破摔"。

第二，把握教育时机能事半功倍。同样的教育，不同的时间，效果大不一样。如上例，老师找学生的谈心时间定在期中考试后，由于经历了失败的痛苦，特别需要他人帮助，需要老师拨开迷雾，不管老师说什么，她都会认真倾听。

第三，班主任必须加强对教育心理学的研究，不仅有爱心，更得有方法，这样才能有能力帮助不同类型的学生，使德育教育得心应手。

浅谈班级管理中的“纪律与惩戒”智慧

青岛西海岸新区香江路第一小学 崔玉倩

在班级管理生活层面，纪律主要指维系班级正常运转的规定、规则和规范，是对师生班级生活和学习提出的具体要求和行为规范，诸如上课纪律、自习纪律、课间规则等班级常规；惩戒主要指因违背或违反班级纪律、规范和规则而产生的与其行为相匹配的消极性教育对待，如通报批评、操行扣分和约谈等。纪律和惩戒是班级生活制度化的重要保证，也是班级制度教育性特征的重要体现。

在班主任工作中，运用纪律与惩戒实现班级育人，促进班级管理与育人的有机结合，是一种常态化的路径选择。但是，并不是所有以纪律与惩戒为“抓手”的班级管理都能达到育人目的。纪律和惩戒可谓班级管理中的“双刃剑”，运用得当则会推动育人工作，运用不当则会背离纪律与惩戒的“初衷”，甚至收到适得其反的效果。所以，班主任要认识到，从育人手段、方式到实现育人目标，中间存在着充满风险的漫长转化过程，这一过程的关键是班主任应结合自身工作实际，实现纪律与惩戒的智慧运用。就班主任现实工作而言，恰当运用纪律与惩戒，达到理想的班级育人目标，需要一系列的智慧探索。

首先，班主任要做“好”的纪律与惩戒的制度设计者和建设者。

设计一套“好”的班级纪律与惩戒制度，是班主任的首要工作。在设计之初，班主任要知道“好”的纪律和惩戒制度究竟“好”在哪里，如何设计和建设才能确保是“好”的。一般而言，“好”的纪律与惩戒制度，能以制度化的要求融入班级生活，需要具有合理、正当、公正的教育性，即班级管理选择、确立、适用的纪律和惩戒制度，是着眼和服务于学生的学业发展和社会性成长需要，是基于班级工作的“育人”实质，而不是基于班主任自身管理工作的便利性和易操作性。另外，“好”的纪律和惩戒制度所包括的相关规则与要求应做到清晰、明确、指向性强，能够指向明确的主体、行为和结果，能对具体行为进行明确要求和指向引导，能够为学生班级生活中的行为提供“为”与“不为”的清晰边界，具有较好的理解性。也就是说，班级成员必须充分理解制度存在的现实性、必要性，知道制度的实践指向，明确纪律与惩戒制度的存在理由和依据。通常，常规性的纪律要求和惩戒措施，因其笼统、没有具体指向，其作用在班级具体运行中会大打折扣。当然，这与学生的成长阶段有关，在低小初等低学段，班级纪律与惩戒制度会更具体，而在对高中、大学等高学段学生的要求上则会达到一个较高的、较为抽象的水平。

在班级管理中，建立什么样的纪律与惩戒制度，班主任通常会依据成熟的做法，依赖现成的实践性经验。但是，一项带有规范性要求的纪律与惩戒制度必须具有现实性和必要性。譬如，班规是最能体现班级层面的纪律性要求，当然，学生守则、校规等也要在班级生活规则中强调和要求，但就班级生活内部要求而言，班规更带有基于班级生活的创新性、独特性，它直接影响学生的班级生活质量。这也是学校和班级制度与其他社会实践中的制度的本质性差别所在。也就是说，学校和班级中的纪律，是基于学生行为的社会化养成和学校、班级生活的正常运行而建立的。但有些时候，班级中的“立规矩”往往超出上述考量，班级中的“惩戒”也不是基于上述要求实施，相反，是基于学校管理的便利和经济性原则，如此建立的纪律与惩戒制度，只具有社会性功能，少有教育性功能。所以，在建立班级纪律与惩戒制度过程中，作为班主任工作的一项重要能力要求，一定要将“好”的、能够充分体现教育性要求的纪律与惩戒制度建设作为工作的核心，从“好”的着眼点出发设计出“好”的班级制度。

其次，班主任要掌握“好”的纪律与惩戒的实践策略。

班级生活中有许多规定，提出了行为要求或规范性行为导向，并附加后果描述，即什么样的违纪行为会受到什么样的具体惩戒。还有一类则是有要求但惩戒不明确，导致班主任在执行时带有随意性。譬如，学生课间做眼保健操，有几个学生睁着眼，不按动作规范要求认真做，这时班主任需要及时纠正这类行为和现象，要让学生知道，对待学校集体活动要认真，不按要求行动会被惩戒性对待，比如班主任会惩戒全班学生加做两遍眼保健操。采取这种惩戒方式，对不遵循眼保健操规范要求的学生而言，很难发挥教育的作用，因为在他们看来，认真做的学生也受到了惩戒，自己遵循规范要求与否结果都是一样的；对于认真做的学生而言，其教育的效果更是适得其反，因为无论遵循规范要求与否，都受到了同样的惩戒对待，心中不仅感觉委屈，甚至还会心生抱怨。所以，班主任的这一惩戒措施，不仅没有起到教育效果，反而会诱发学生的抱怨和怨恨，甚至离间学生之间的关系。

制定班级纪律与惩戒相关制度通常比较容易，最难之处在于执行中的“度”，班主任要智慧地“拿捏”纪律与惩戒的“度”实属不易。大家知道，班级之中几十名学生，每一名学生各有其个性特征，甚至有的学生还有其特殊性。对于个性倔强的学生，班主任实施纪律与惩戒时，宜多用说理和说服策略；对于个性羞怯的学生，班主任实施纪律与惩戒时，宜多用引导和规劝策略。如果不加区别及灵活个性化对待，班主任的工作可能永远处于“斗争”状态，这样不仅损耗班主任的工作激情、精力和信心，其育人效果恐怕也会不尽如人意。

再次，班主任要构建“好”的纪律与惩戒的生成机制。

“好”的纪律与惩戒的来源有：长期学校班级管理的丰富实践经验的积累以及约定俗成的行为规则，或者直接借用现成的纪律与惩戒规定和措施。这是多数情况下班级纪律与惩戒制度形成的主要途径。在班主任工作生涯中，长期的经验积累为班级管理提供了丰富的管理智慧，其价值不言而喻，但是，这种路径依赖往往容易导致在班级管理中，对纪律与惩戒具体内容的简单移植和粗暴使用，使班主任在采用和理解纪律与惩戒管理手段时缺乏个体性的反思，其最终结果则是班级管理风格单一化、统一化，班级管理内容的雷同化，班级管理经验的复制与移植，并导致班主任在工作中围绕纪律与惩戒的行动实践缺少创意和创新，更难体现出班主任在班级管理中个性化、情境性的管理风格。

事实上，“好”的班级纪律与惩戒的形成，不能简单地通过“传经送宝”实现，它是一个班级成员共同参与，通过谈判、对话、协商，最终达成的共识。这种共识的达成是一个班级作为个性化的组织开展的自我教育和主体性成长的过程，是每一个学生实现社会化成长和社会角色与能力提升的重要的教育过程。从这个意义上讲，每一个班级的成长，如同一个人的成长一样，需要适当地重走纪律与惩戒从无到有的建设历程。一个成功的班主任，较少会复制自己已往的带班管理经验，因为他知道，每一个班级的组成是不同的，个性化的班级文化生成，不是简单的同质化，而是异质化和个性化的有机结合，这才符合教育的本义。因此，“好”的班级纪律与惩戒制度的生成，需要构建师生共同对话、协调与谈判的机制，这不仅是管好一个班级的需要，更是实现每个班级成员社会化成长与社会能力提升的实践需要。最后，班主任要让“好”的纪律与惩戒回归教育本义。

纪律与惩戒在班级生活中的存在价值，在于其具有显著而必要的社会化教育影响和作用。众所周知，班级育人工作涉及内容、方式和方法等诸多方面，无论任何一个方面，都是基于学生的学业发展、品德养成、能力培养等方面的需要。也就是说，所有的纪律和惩戒的初衷以及最后的目的，都是指向班级中每一个学生的个体成长和个体发展需要。可以说，在学生的成长过程中，作为社会化影响因素的班级生活，对于学生的社会化发展发挥着不可替代的作用。社会生活中的规则意识、交往准则、互动规范很多都是直接来源于班级生活中的纪律与惩戒的初始影响。可以说，班级生活中的纪律与惩戒已经成为学生走向成人社会生活的最初奠基。

由此，我们得出这样的结论：纪律与惩戒在班级管理中的恰当定位，是发挥其教育作用的关键，更是回归纪律与惩戒在班级中存在价值的必然选择。可以说，建设班级纪律与惩戒体系，并使其成为学生成长与社会化完善的必要保障，已经成为班级变革进程中对班主任育人智慧的新考验。

爱在黎明破晓时

青岛第五十八中学 陈 瞻

你遇见我，我遇见你，这就是意义。

时间节点：2014年7月—2015年8月。

记得前几年有部电影《爱在黎明破晓时》，讲述了两人在火车上偶遇之后发生的美丽故事。火车是一段旅程，是一片风景，是生活的碎片，是永远的记忆……是你遇见我，我遇见你，这就是意义。也许高三这一年，你我相遇，这就是意义。

你遇见我，我遇见你，这就是佳话。

时间节点：2014年9月2日。

地点：家。

暑期刚刚结束，学生自主学习转变为正式上课。暑期几乎都在学校里，几乎没有时间陪孩子。9月2日，丈母娘问两岁的儿子："浴缸里哪条鱼是鱼爸爸？"儿子说："鱼爸爸上班去了。"我的心"咯噔"一下，真疼。每当孩子问爸爸，家人总是说爸爸上班去了。早晨六点多出门，晚上十点多进家，不忍叫起儿子来。后来学生听说后，教师节送我的礼物就是一件白色衬衫，上面印着"我是鱼爸爸"。你我相遇，这就是佳话。

2014年12月20日周六早晨6:16

你遇见我，我遇见你，这就是契机。

时间节点：2014年12月20日早6：16。

地点：高三教学楼。

回首一年点点滴滴的生活，幸福、充实、快乐着，伴随着些许烦恼和痛。契机稍纵即逝，抓得住是金子，抓不住就是流水。时光飞逝，你用行动诠释你我相遇，我用心见证彼此的存在。你我相遇，这就是契机。

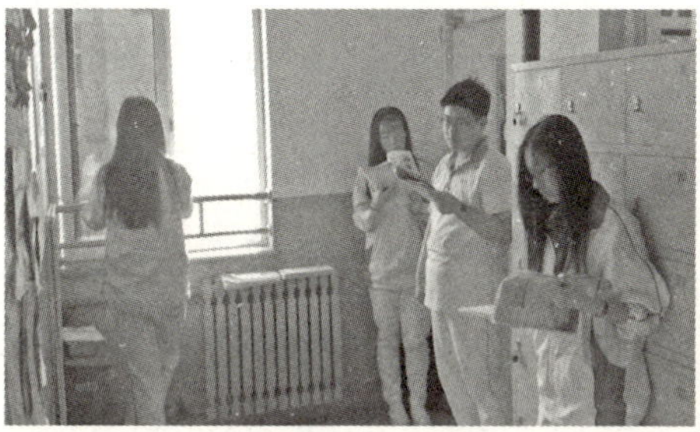

在教室门口晨读

黑板上的励志语

你遇见我，我遇见你，这就是生活。

时间节点：365天。

地点：青岛五十八中。

有哲人说过，再相爱的夫妻，一生中都有100次想要离婚的念头和50次想要掐死对方的冲动。你我相遇，是甜蜜，但高三生活确实繁琐苦闷。但我们能创造生活的美，享受生活的甜蜜。“别让时间欺骗了你，你不能战胜时间，在烦恼和担忧中，生命模糊地逝去，时间自会有它的喜好，明日或今朝。”你我相遇，这就是生活。

我们在上自习

有节奏的课间

你遇见我，我遇见你，这就是理解。

时间节点：2014年12月27日。

地点：青岛市。

家校合作永远为学生们保驾护航。每个学生都是家庭的希望，家校都在点亮希望，放飞梦想。家校彼此热忱的合作，真诚的沟通，殷切的期望，用心的支持，相互的理解，是学生奋斗的源泉和学校前进的动力。在这里，你我相遇，这就是理解。

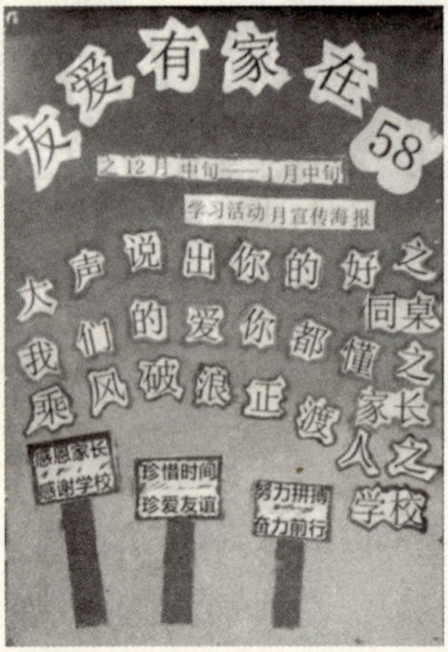

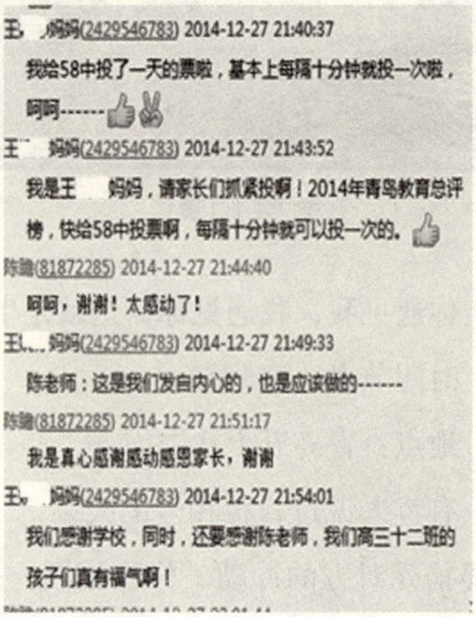

你遇见我，我遇见你，这就是希望。

时间节点：2015年6月22日。

地点：浙江大学东1A206教室。

短短几天的学习时间，留下了宝贵的精神财富。九位专家和教授从不同维度阐释了当前教育的理念。印象最深的当属心理教授吴明证老师，幸得已签名，送给学生。希望学生，高考加油，浙大欢迎你。你我相遇，这就是希望。有图为证：

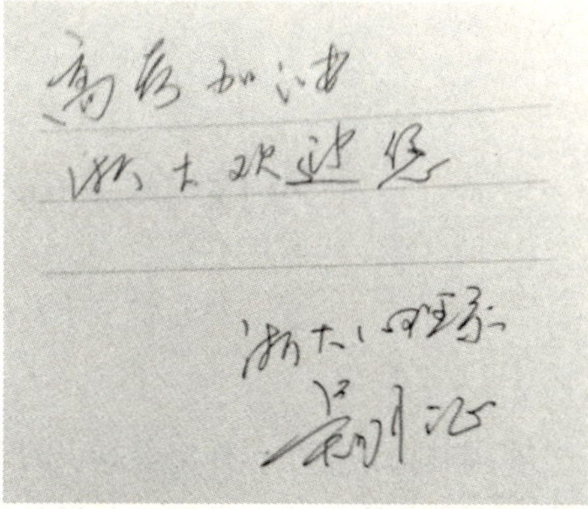

记得有句诗："对岸繁华又三千，窃问谁是摆渡人。"此岸的繁华意犹未尽时，彼岸的繁华又三千，这恰恰是当下高中和大学生活的真实写照。但是悄悄问问谁是"摆渡人"，跨过"这条弯弯的河"，谁又为学生保驾护航，再为学生"扶上马，送一程"呢？答曰："班主任！"

最后，用毕业照上的祝福语，结束"我的高三在路上"："每个人都是父母的唯一，都是寰宇的稀世珍宝，你就是你！相信自己的沉鱼落雁闭月羞花之貌，相信自己指点江山激扬文字之才华，为自己的独一份而喝彩，为自己唯美的生活而喝彩。你必将：陈述华章，瞻望未来，天佑英华，璀璨寰宇。"

你遇见我，我遇见你，这就是美丽。

为孩子寻觅飞翔的翅膀

青岛第五十八中学　陈　瞻

霍姆林斯基的《怎样培养真正的人》涉及“怎样使学生们具有知识的欢乐”“怎样激起求知欲”“怎样教孩子正确对待脑力劳动”等内容，但对获得知识的方法和工具却没有详细的阐述。而对高一新生而言，如何适应高中学习生活、掌握该阶段知识，显得尤为重要。中国古话说：“工欲善其事，必先利其器。”我们要为孩子寻觅飞翔的翅膀，那就是“怎样培养孩子的学习习惯”，如果霍姆林斯基能加上这样的一部分内容，我想更容易让我们接受。

一、秉承良好学习习惯

为了更好地引导学生学习习惯的养成，报到的第一天，让学生自我梳理自己的性格特点、优势学科、三点优秀学习习惯、家庭学习环境和氛围等。

学生一：

一句话概括性格特点	我是一个活泼开朗、热情的女孩，有些小自恋，有点强迫症。
优势学科	英语。
三点优秀学习习惯	①自觉进行错题整理 ②课上自觉记录笔记 ③课前进行预习
一句话评价家庭学习环境和氛围	我的家庭学习环境良好，父母严厉但幽默，对我自己的目标从不多加干涉。

学生二：

一句话概括性格特点	热情、大方、开朗。
优势学科	物理、英语、化学。
三点优秀学习习惯	1.完成任务效率高。 2.善于思考问题的本质。 3.遇到问题不逃避，积极解决。
一句话评价家庭学习环境和氛围	很多时候交流的内容都与解决生活问题（科学地）为主。

学生三：

一句话概括性格特点	性格活泼，乐于与人交往、大大咧咧。
优势学科	语文、历史、化学。
三点优秀学习习惯	1.上课能认真听讲，有较高的听讲效率 2.对待课堂笔记十分认真，会及时整理、复习 3.认真完成作业，有问题请教老师，不糊弄，不随意。
一句话评价家庭学习环境和氛围	家里父母成绩较为优异，会与自己常常讨论问题，有问题请教父母他们也会耐心讲解，学习氛围融洽。

学生能把自己的性格特点、优势学科、家庭氛围和优秀学习习惯有机融合起来，更好地展示形成具有特质的学习习惯。例如学生说自己有问题会向父母请教，当然也会问问身旁的同学，展现出好问的特质来，“三人行必有吾师”展现得淋漓尽致。学生说热情大方、开朗，很容易和其他同学交流，更加融入学习的小团队，也会为班级的荣誉奋斗争取。

二、学习学长优秀学习方法

“它山之石，可以攻玉。”学习学长的优秀学习方法，避免自己重走错误的道路。暑期就开始让学生借学长的学习笔记，探讨学习方法并写出800

字的读书心得。学要有体会，更要付诸实践。尤其是错题笔记的借用，更是尽心尽力。

学生朱佳傲借的错题笔记：

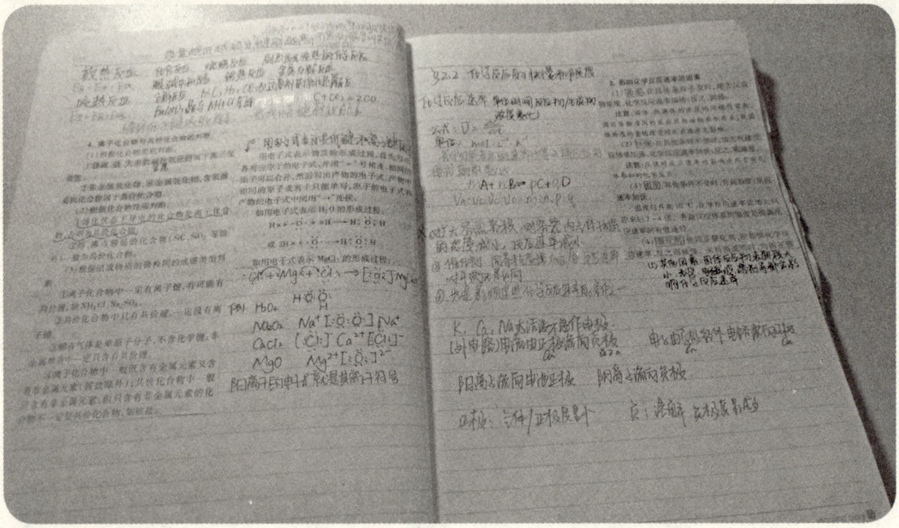

学生隋雨珊借的错题笔记：

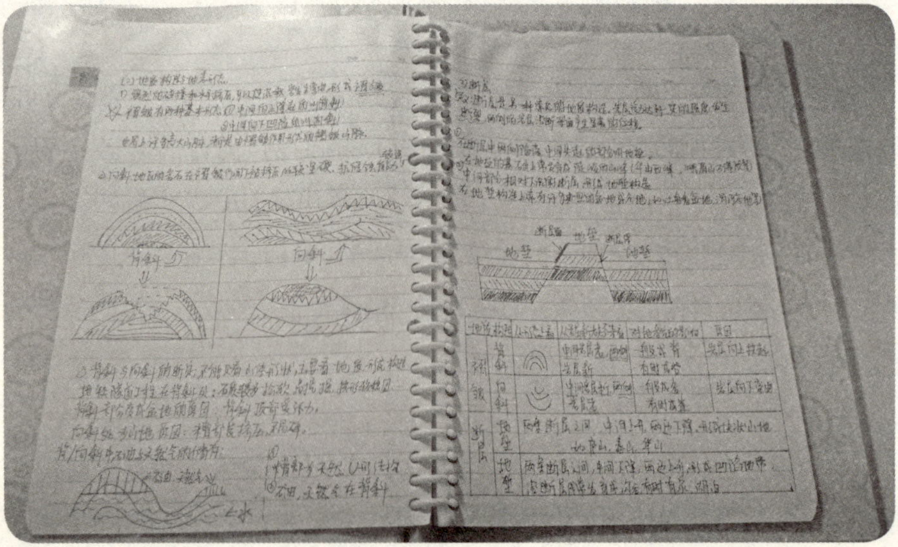

学生张可借的读书笔记：

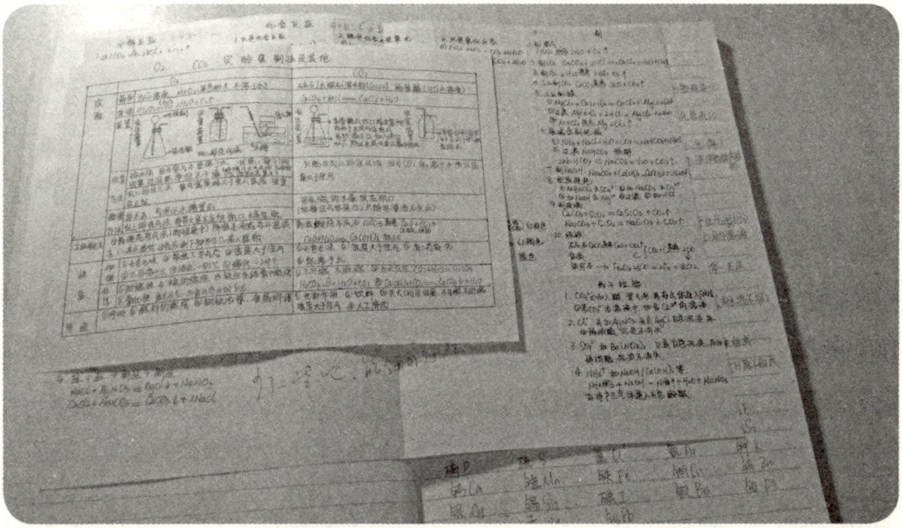

同时，学生与学长的探讨交流中，更是总结了自己的学习方法和体会。举例如下。

王婉丽：明确梦想、制订计划、切实执行（预习复习、找到榜样、善于发问、整理错题、学会总结）。

鄂天祎：学贵有心、学贵有恒、学贵在高、学贵在清、学贵在多、学贵在均。

王梓怡：惜时，点滴的时间都需要珍惜、利用好，准备小本子，记上单词和课文，随时随地都能背。

孟凡琛：人生没有捷径。勇闯生命难关。

郭明晴：兴趣、方法（学会取舍）、心态。

宫心怡：高中的要求是“手脑结合”。

刘子扬：要想成绩好，效率得提高。路在脚下，梦在远方。与“失误”挥手告别。我的心态我做主。永不言败！！

很多道理，我们教师和家长看来似乎太过平常，但是对学生来讲，这是他们总结出来的“至理名言”！更难能可贵的是，已经开始付诸实践！

三、打造精英学习小团队——“小组合作学习”

把全班同学分成七个学习小组，每个小组大约九人左右，每个小组有自己的组名、组徽、口号、组训等内容。以我们其中的一个小组为例

组名：如来佛组

口号：阅组无数，唯吾德馨，故超我小组者，虽远必诛！

组长：赵小童

组员：宫心怡、王婉丽、吕成泉、张欣怡、刘衍、王凡

还有学生说我们小组叫“来自星星的组”等，具有个性，更有活力。学生们非常有激情，乐于小组的建设和彼此的合作学习。正如霍姆林斯基所说：“学习、掌握知识、埋头读书是人的最大的幸福。”

最后，让我们再一次回顾老子的那句经典：“授人以鱼不如授人以渔”。培养学生学习习惯也是“怎样培养真正的人”的重要内容，从我们基础年级的老师做起，也许学生高中甚至一生才更会学习和生存。

选课走班情况下的“特殊学生”身心发展分析

青岛第五十八中学　陈　瞻

苏霍姆林斯基在《帕夫雷什中学》中提到：“良好的健康和充沛旺盛的精力，是朝气蓬勃感知世界、焕发乐观精神、产生战胜一切艰难险阻的意志的一个极重要的源泉。而孩子生病、体弱和带有疾患素质，则是众多不幸的祸根。”

这里的“特殊学生”是指学困生、意志力不强、精力不集中、身心发展不平衡的学生。当前“选课走班”是高中新课程的一大特点。初衷是为适应社会对多样化人才的需求，满足不同学生的发展需要。

但是部分学生却出现了“水土不服”，并没有朝着设想的方向发展，究其原因，既有自身发展的不足，班级管理的漏洞，更有家庭教育的缺失。

一是学生身心发展的不足。通过日常观察，发现这些学生往往精力不集中或者过分的兴奋（甚至是多动症）；人格不健全、自我封闭；智力不成熟，发展不平衡。本身发展的不足自然会引起学生课堂学习的不足，进而引起班级和教学管理的问题。

二是走班情况下的学生管理漏洞。原班级班风、文化直接影响到新形成班级的课堂氛围和学习效率。通过分析，成绩差、不交作业、课堂交头接耳的学生，原班级整体氛围都存在问题。而新班级不能短时间内形成合力，养成良好的学习习惯。新班级由四五个班级分化组合而成，作业的收缴本身存在困难，“特殊学生”乘机而为，更有了生存的空间。新班级下，学生还是习惯和原班同学坐在一起，尤其是“特殊学生”，虽有利于学生之间的交流，但缺点更明显——不自觉说话，扰乱课堂秩序。所以，新班级成立时需要打乱原班级学生座次，合理排位。

学生选课走班后，发现部分学生“睡而不醒”，任课教师的管理有时无法替代班主任的管理，但应该“各扫自家门前雪，我的课堂我负责”。学生大多时间都在教学班，所以学生处在“散养”模式下，存在管理的漏洞。

三是家庭教育的隐患。其实家庭教育才是学生的原生态教育。用家乡的俗话说：“有什么样的家长就有什么样的娃，有什么样的大坑就有什么样的青蛙。”家长的行为每天都是现场直播，而孩子就是观众。有个学生天天早自习打瞌睡，喜欢熬夜，属于典型的“夜猫子”。据调查，原因是父亲喜欢晚上夜深人静的时候写文章，导致了孩子喜欢晚上学习。白天到校后前两节课就精力不集中，学习效率极其低下。还有的同学喜欢抽烟，父亲自己到校时满脸通红，浑身的酒气和烟气，直呛得人说不出话。

一个孩子是否健康成长、成才，与这个家庭的环境、家长素质、家长的教养方式有密切的联系。家庭教育有着学校教育不可替代的优越性，它可以随时随处地教育和影响孩子。人的一生有三分之一左右的时间是在家庭中度过的。这三分之一的时间恰好是人生中最重要的发展时期，它基本上奠定了人的个性、智能、世界观和人生观的基础。这个时期的家庭教育质量、家庭环境的熏陶将会对孩子的一生产生重要影响。

家庭教育的长期性、潜在性对孩子的影响是无法估量的。而家庭教育直接关系到个人一生的成长，也是最初的、最原始的、最根本的教育，家庭教育是社会的原生态教育。

选课走班后，“特殊学生”管理和教育的难度进一步加大，处理不好，问题蔓延的趋势会愈演愈烈。应快刀斩乱麻，创新管理方法和方式，使新班级走上正轨。

到处皆诗境，随时有物华

——让每一棵树都散发出教育的魅力

青岛第五十八中学　王付波

一沙一世界，一花一天堂。每一株草，每一朵花，每一棵树，都有生命，都是一个世界，但有不同的境界和追求，需要我们去了解认识，感悟思考。所谓到处皆诗境，随时有物华。正因如此，我们才能欣赏到贺知章“不知细叶谁裁出，二月春风似剪刀”的万种柔情，杜牧“停车坐爱枫林晚，霜叶红于二月花”的无限眷恋；品味出杜甫“穿花蛱蝶深深见，点水蜻蜓款款飞”的动人活泼；刘禹锡“晴空一鹤排云上，便引诗情到碧霄”的豪迈气息。古人可借景抒怀表志，我们为何不能借物言声育人？

前段时间，班级学生会竞选、社团活动报名火爆，多数人都有参加，甚至有人报名超过了三项，严重影响了正常的学习，班里比较浮躁。虽然我做了一些工作，甚至准备强硬处理，但难免会有一些负面影响，况且学校的工作也必须支持。我偶然往教室窗外望去，看见了严冬之下的旺盛绿色，顿觉精神振奋，教育灵感闪现。看看这些树吧，有笔直坚挺、高耸入天的水杉，有遒劲有力、四季常绿的苍松，也有矮小低垂、乱发丛生的柳树，于是，我给他们写了一首诗，表达对他们的期待和委婉的劝诫。

我是一颗水杉

我是一颗水杉，
小的时候，天真烂漫。

小草在我身边天天相伴，蝴蝶在我头顶起舞翩翩……

但狠心的园丁把我痛苦地修剪，

于是我泪流满面。

后来，园丁告诉我我的梦想在蓝天，不要迷恋这枝枝蔓蔓，

于是我擦干眼泪，毅然选择成长，为了那心中的蓝天。

慢慢地，我拥有了笔直强健的躯干，

勇敢地追逐梦想的召唤。

突然间，我发现小草成了我绿色的铺垫，蝴蝶已在我眼底艳美盘旋……

这时一种幸福润泽心田。

风雨交加的日子里，

没有了牢骚抱怨，而是迎接挑战，接受考验，

因为我的根基与大地紧紧相连。

孤独寂寞的日子里，

没有了伤心黯然，而是尽情让风在身上弹奏音乐，让鸟儿在怀中歌喉大展，

因为我有坚强的躯干。

阳光灿烂的日子里，

没有了安逸懒散，而是更高的追求和必胜的信念，

因为我的梦想在蓝天。

我是一颗水杉，

历经春的生机盎然，夏的热情奔放，秋的成熟稳重，冬的思索酝酿。

四季更迭依旧，岁月在我身上画出一道道美丽的圆圈，

于是，梦想不再遥远。

我是一颗水杉，

很庆幸小的时候梦想没有折断，

我是一颗水杉，

我一定会拥抱蓝天！

班会总结时，我给同学们读了这首诗，希望他们像水杉一样茁壮成长，浮躁时，多看看那几棵水杉。他们给予了热烈的掌声，也明白了老师的用意，这比单纯批评说教收到了更好的教育效果，在我的影响下，在我们的班刊《自定义》里，学生也写文章表达了对水杉的由衷敬意。

水杉

原冬雪

我曾见过这样一片海：整个都是蔚蓝的颜色，只是由近及远愈深直至海天相接。浪花拍打着礁石，泛出白色。

我曾见过这样一座山：山脚还发着刚冒出绿头的嫩芽，山顶却还是堆着深可没膝的积雪。当上空吹过一阵风，吹散了小块的雪，它顺着山体落下，却在半腰化成了水珠落在掌心。无法估量它的高度，只是视线向上移，眼前的色彩逐渐转为花白。

但我不曾见过像你一样的树，水杉。

在此之前，我以为最挺拔的是杨树，最坚忍的是松柏，最令人震撼的是梧桐。但现在，在见到你之后的现在，才发现所有的一切都不及你，水杉。

第一次路过你，随意地侧头，看到的只是不是很粗壮的树干和意料之中粗糙的表面，于是便收回了目光。后来，登上了几层楼，又在无意中望到了你，这时，却给了我震撼。你比我想象中的还要高耸，即使登上三楼，也只能看到你一半的树干。你的枝干不粗，却给人结实的感觉，刮着的大风也不能使你晃动半分，你的那份坚实已然传到了枝梢的最末端。当你身旁柳树上的柳絮随着风舞动时，当人们都指点着它赞美时，你却不为所动，因为那毕竟轻浮，如浮云一般。

你那身上所蔓生出来的枝干着实让我有些惊讶，它们密集地生长在一起，紧凑却不杂乱，比不远处高大的古松更来得赏心悦目。

与周围的花树相比，你少了些花哨，多了些质朴。那棕色的皮肤里还夹杂着缕缕淡淡的灰，像是农民干枯皱着的手，不光鲜，却有着能握动锄头的坚持和淳朴。而这些又都是这个红男绿女的城市里所唯独缺少的东西，被喧嚣所掩埋了的东西。

我想要静静将手扶在你身上，摩挲你笔直的纹路和褶皱的肌肤，感受那份来自你体内的坚持和淡定。现在，那种你独有的震撼包围着我，只是一股不很浓郁的淡淡的气息。我想折下你的一小块枝条当作留念，却终究因不忍破坏你的坚持而罢手。

通过班刊，学生进一步明白了水杉的内涵，明白了自己的方向，也踏实了很多。后来我又以学生们每天都要路过的水杉、松树和柳树为对象写了三首诗进行对比教育，收到了很好的效果。

水　杉

立根深千尺，
风雨任逍遥。
腹有凌云志，
何必去争春。
绿衣轻装点，
利剑刺破天。

本诗意即水杉根基深厚，风雨无畏，志向在天，不轻浮招摇，枝蔓少但美丽，主干长而强健。

松

风吹松涛劲，
雪压亦从容。

冬来秋渐远，
一抹绿惊人。

本诗意即风愈大则声愈强，大雪压则更显从容。春来冬往，四季更迭，但绿色依然，坚韧依旧。

柳

根基浅浅盘地皮，
蔽体乱发尽招摇。
料峭春寒竟先绿，
唯恐天下人不知。

本诗意即柳树根基浅薄，诱惑纷扰之事甚多。即便春寒料峭亦想展露自我，生怕他人不知。

三种树，三种人。当我们把花草树木人性化、诗意化以后，他们便散发出耀眼的教育光芒，变得鲜活亮丽起来。正如俞敏洪所说：我们每个人，都需要自己的成长空间。我们人的生活方式有两种，第一种是像“草”一样活着，你尽管活着，每年还在成长，但是你毕竟是一根草，你吸收雨露阳光，但是长不大，人们可以踩过你，但是人们不会因为你的痛苦而产生痛苦，人们不会因为你被踩了，而来怜悯你，因为人们本身就没有看到你。所以我们每一个人，都应该选择第二种生活方式：像树一样成长。即使现在我们什么都不是，但是只要你有树的种子，即使被人踩到泥土中间，你依然能够吸收泥土的养分，自己成长起来，也许两年三年，你长不大，但是十年、八年、二十年，你一定能长成参天大树。当你长成参天大树以后，从遥远的地方人们就能看到你。走近你，你能给人一片绿色，一片阴凉。你能帮助人，即使人们离开你以后回头，你依然是地平线上一道美丽的风景线。

惩戒教育，势在必行

——由孙猴子的“紧箍咒”论惩戒教育

山东省泗水县第一中学　宋希艳

前一段时间，一段女教师课堂上与学生对骂的视频广为传播。视频中的女教师面对谩骂她的学生，气愤难耐地喊出了这样一句话：“我宁愿老师不当，也不惯着你。”事件的结果是该女教师被免职并从学校调离。曾几何时，校园里出现了一种令人尴尬的局面：学生上课迟到旷课，没事；学生不完成作业，没事；学生上课睡觉，没事；学生考试作弊，也没事。那些“问题学生”俨然成了一个个桀骜不驯、无法无天的孙猴子，可以肆无忌惮地犯错误，作为老师，既不愿管，也不敢管。原因很简单，因为老师一旦对这些犯错误的学生进行惩戒，稍不注意，就会被扣以“体罚学生”的帽子，甚至被媒体大肆曝光，轻则被通报批评，重则被调离岗位。惩戒学生成了老师们避之不及的“高压线”。

然而，离开了惩戒的学生们，成长与发展会怎样呢？据统计，近年来青少年犯罪率不断增加，未来五年青少年犯罪总量有可能将进一步增加。

这不由让我想起了《西游记》中的孙悟空。当年那个桀骜不驯、无法无天的孙猴子，怎么就心甘情愿地跟随唐僧去西天取经呢？孙悟空喜欢西天取经吗？不喜欢。为什么还能坚持到底？因为有一个他最怕但又解除不了的东西——紧箍咒。如果没有紧箍咒，手无缚鸡之力、慈悲善良的唐僧永远也感化不了野性难驯的美猴王；如果没有紧箍咒，孙悟空恐怕也永远是一只顽性不改的猴子。正因为有了紧箍咒这个强制性的惩戒手段，孙悟空才老老实实地踏上取经之路，其实也是一条自我修行之路，终于克服了九九八十一难，修成正果。

教育孩子与这个故事何其的相似。面对某些从小娇生惯养、无法无天的孩子，作为老师，也应该拿出一些适当的惩戒手段，督促学生走上正途。什么叫惩戒？顾名思义，惩戒就是通过惩治过错来警戒，《辞海》中将其解释为：“惩治过错，警戒将来。”其目的是为了帮助学生真正认识错误，悔过自新，不再犯错；它既是一种教育方式，也是教师的一种职业权利，它与体罚有本质的区别，并不以损害学生的身心健康为目的。适度的惩罚是一种爱的表达方式，有助于孩子成长。从这个意义上说，惩戒教育，势在必行。

“水性柔，人们都戏弄之，所以多溺死者；火性烈，人们都畏惧之，所以少有焚死者。”使人有所畏惧，也是教育人成长的一种方式。荀子《劝学》中写道：“木受绳则直，金就砺则利。”学生在成长的过程中难免会走些弯路，犯各种错误，老师完全有必要对犯了错的学生适当进行教育与惩戒。没有惩戒的教育是不完整的、残缺的和不负责任的。2009年8月教育部印发的《中小学班主任工作规定》中第十六条规定：“班主任在日常教育教学管理中，有采取适当方式对学生进行批评教育的权利。”

知名女作家毕淑敏有篇文章《孩子，我为什么打你》，文中写道：“孩子，那你可知道，打与不打都是爱。”是啊，打与不打都是爱，父母管教儿女，老师管教学生，自古以来天经地义。三字经中也写道：“养不教，父之过，教不严，师之惰。”如果一个老师，不能严格地要求学生，那么这个老师就是懒惰的老师，是不合格的老师。

著名教育学家马卡连柯说过，合理的惩罚制度有助于形成学生的坚强性格，能培养学生的责任感，能锻炼学生的意志和才能，能培养学生抵制引诱和战胜引诱的能力……适当的惩罚，不仅是一个教育者的权利，也是一个教育者的义务。为了学生的健康成长，让惩戒回归教育，势在必行！

大数据时代建立学生成长档案的探究与实践

青岛第五十八中学　于中华

随着我国基础教育课程改革的稳步推进，基础教育的新一轮改革，似强劲的东风荡涤着校园，评价学生朝着以人为本、关注发展的方向大步迈进。大数据时代学校在依法治档的进程中，重新审视传统的学生档案管理，顺时而动，以新思维力促学生成长档案的改革。“中小学生成长记录电子档案”被逐步引入教育管理中来，并显示出蓬勃的生命力。

档案是再现历史真实面貌的原始文献，电子档案作为新兴的信息载体在档案领域发挥着不可替代的作用。学生成长档案要为每位同学记录他在校的全部表现，这份不断更新的“电子成长档案”会一直伴随学生的成长，为学校德育管理提供科学规范的保障。教学质量是学校的生命线，是学校发展的永恒主题。就学生个体发展而言，电子成长档案是非常宝贵的；就教育的连续性而言，这样的记录更是不可或缺。学校立德树人仅靠传统的学籍档案是单调无力的，互联网+时代，建立学生成长记录电子档案势在必行。如何充分地依托学生成长档案云服务平台的科学管理因材施教，发挥档案育人功效，需要我们继续深入探究与实践。

一、什么是学生成长记录电子档案

学生成长记录电子档案是指将学生成长中的记录材料通过电子文件的形式建档保存。新生入校时需填写学生通讯录、学生管理卡片、心理健康成长记录表，并进行头像采集。学生学习生活中的重要表现、奖惩记录会补充到电子档案中。学生成长记录电子档案包括学生成绩、各项志愿者活动、社会实践和科技创新活动、体育节活动、艺术节活动、军事训练活动等。通过电子档案可以了解每个学生的优点、潜能以及发展的需要。当学生管理处检查校园纪律情况发现违纪的同学，或是进行评优推荐时，只要根据学生的校内身份卡到电脑中调出学生的近期电子档案，就可以对该生表现情况一目了然。这为学校管理老师提供了便捷，也利于学生本人在档案记录面前纠正错误。

现代素质教育要求根据孩子的个性特点因材施教，在中小学生入校后及时建立成长记录电子档案，有助于档案事业科学发展，有利于素质教育的实现。“用电子记录显示每个小学生的成长档案，让成长档案谱写每个中小学生丰富多彩的人生旅途中的每一天”，这是“中小学生电子成长档案”的主题词，有了每个中小学生的成长记录，就能形成每个学生的自我纵向比较和同学之间的横向比较，筑起学生的立体成长空间，形成积极向上的竞争氛围。

另外，学生电子档案云数据处理加工简单化，呈现方式粗放，数据库只要连接到校园网的“家校通”网络平台，家长鼠标一点就能了解孩子在校表现的点滴，并及时与教师沟通，形成家庭、学校、社会之间三维立体型的成长空间，共同呵护学生健康成长。

二、为何要建立中小学生成长记录电子档案云服务平台

1. 架设起沟通学校与家庭的桥梁

中小学阶段是孩子性格和人生观形成的关键时期，如果学生的心理烦恼、成长困惑不能及时解决，日积月累就会造成性格变异、心理变态，甚至酿成悲惨后果。利用学生成长电子档案云服务平台加强家校有效沟通，对孩子进行系统的教育，十分有意义。电子档案是新生事物，关键看家长怎么看，不能把电子档案当成学生间互相攀比的工具，而要把它当成了解孩子、鼓励孩子的工具。

在学生成长记录电子档案里，学生的成绩、荣誉等情况将会及时记录在学生的子文件夹中，丰富的个性化的内容记录了学生成长历程，电子档案内容将着重于学生的成长记录，学生的点滴进步都会记录在案，一位老师说，“课堂上学生的一个精彩回答也可以放入档案”。电子档案可分公开和非公开两块内容，家长可随时上网浏览电子档案中的公开内容，并发表看法。对学生的教育并不局限于学校，家庭是很重要的教育场所，家校合力才能共筑成长。

2. 丰富学生之间、师生之间的交流方式

成长记录电子档案有利于学生相互学习，取长补短，又能形成比学赶超的竞争氛围。学生可以互阅电子档案或个人主页，浏览“上传或下载资源排行”“档案星级”“文字评价”等有竞争色彩的栏目，其中个性化的内容记录了学生的成长轨迹，筑起了学生立体的成长空间，它是学生完善自我、助力成长的重要工具。其中，老师殷切鼓励的话语激励着学生，许多学生视为珍贵礼物，这反映了教师们的真知、真才和真情，更体现了教育教学的理论导向和卓著成效。

3. 提高学生反省认知能力和分析综合能力

学生成长记录电子档案完整记录了学生的阶段发展情况和学期评定结果，通过自我发展纵向的比较，有利于学生进行自我反思，培养他们的分析认知能力。

学生成长记录电子档案的网络化和数字化使记录资料易于整理、检索和共享，有利于师生交流和家校的沟通，有助于培养学生的协作能力。

学生成长记录电子档案具有高度的个性化，学生可以自主选择提交个性化材料，通过记录自己的特长和优势，让他们感受到成功的乐趣，激发他们的学习积极性，有利于培养他们解决问题的综合能力。

学生成长记录电子档案通过全面地、多角度地记录学生成长的痕迹，有效培养学生的反省认知能力和分析综合能力，使他们修身正己，领悟成长的喜悦。

三、中小学生成长记录电子档案的优点

1. 便捷性

学生无论在家中或学校，随时可以把自己成功的喜悦抑或失败的悲伤记录下来；也可以把自己的学习心得和情绪体验及时保存其中；上网时看到好的文章也可以复制保存，记录下心得体会。

2. 相互性

这是它最显著的特点。教师在家中或在办公室可以随时打开学生的电子档案，关注学生各个学习阶段的发展过程，了解学生的进步情况，做出适时的鼓励和评价。同时，学生也从师长那里获得理解、指导与帮助。

3. 易操作性

通过电子档案来建构中小学生的成长记录，不同于用frontpage等工具来创建个人网站，它不需专门的学习，每个人都可以轻松学会，简便实用。

4. 永久性

普通的成长记录档案袋，由于材料的原因不利于长期保存。而通过电子档案来建构成长档案却可以终身保存，这也许更符合教育的时代要求。

四、如何建立中小学生成长记录电子档案

学校是知识的天地，是培育人才的摇篮，学生成长档案记录学生的成长痕迹，具有生动性、直观性、真实性，是学校档案的重要部分，更是学校德育工作的重要抓手。学生档案能综合反映学生在校期间德智体美劳全面发展的情况，那么该如何建立学生成长档案呢？

1. 建立学生档案要有强烈的立档意识

在互联网+时代，档案管理者要有收藏家的心态，视学生成长档案材料为至宝，及时收存并录入系统。如市级荣誉表彰文件，即使本校学生没有

获奖，也不能扔入废纸篓，要存档保管，并注明本校学生没有获奖或未参赛等情况。这样就不会有获奖漏登之嫌，便于以后核查。倘若当时认为某材料无存档价值，也不宜马上作废处理，应放入待整理档案袋。

2. 学生档案收集、归类位置要条目明确

学生同类档案材料有时乱放，使用的时候常常查不到。鉴于这种情况，应该根据内容、来源，科学归类，准确命名档案归类名，以便对来“料”及时接纳，对号入座。如学生国旗下讲话、辩论赛等活动，分类归档需详细标注时间；学生会档案可以包含学生会的工作章程、学生会的纳新竞选、学生会各部的工作职责、学生会各部开展活动的情况、学生会各部成员名单等需详细标注全称，以免日后混淆不清。

3. 建立学生档案要有开拓创新精神

采用例表法创新整理学生荣誉情况，具有既精要集中、容量大、篇幅小，又简单明了、方便查阅的特点。建立档案不是单一地按部就班地把材料打包装订就完事的，在更多的情况下，需要档案管理者开拓创新，自行设计表格，进行分类登记。如汇总学生荣誉称号评比，就要根据当年的上级文件要求进行民主推荐统计票数、重新设计积分统计表等。

4. 相关档案要建立联系，以便快捷查阅

电子档案存储的规范性、数据库建设的适用性是确保电子档案可快捷查询利用的重要前提。不同时期同一档案内容，理解不一样就需标注备忘录建立联系，以便快捷查阅。如学校对于特长生考试要求以及学校德育管理、教师工作量的统计等一系列情况的变动，时过境迁，不建立“情况变更备忘录”，不及时保存材料，时间一长就会丢失。为便于快速查阅，编号法是最常用的方法，可以根据学生档案材料的时间或内容编号建立纵横联系，便捷取阅。

五、如何科学管理中小学生成长记录档案

1. 静、密、勤

建立和管理学生电子成长档案与其他档案工作一样，其特点是“润物细无声”——静、密、勤。勤即勤记、勤整理；密就是仔细缜密；静就是静下心来，专心致志。

（1）档案立档要考虑长期和永久保存。电子档案是学生新型的《成长记录本》，其中记载着学生的基本情况、特殊生理状况、心理健康指标、优秀事迹记载和不良记录等，要长期和永久保存，并且要备份保存。学生成长记录纸质档案书写要规范清楚，宜选用黑色墨水钢笔，因普通蓝色墨水干后仍溶于水，绝对不能用于建档抄写。

（2）成长档案要适时更新，发挥育人功效。学生成长档案中“我的自画像”“成长日记”“作品展”和“荣誉室”等特色栏目要及时补充描述，评价指标应迅速更新。如此，学生成长档案就会真正成为建立学生信心、促进学生发展、激发学生潜能的有效平台，详实地记录学生成长的痕迹，进一步发挥档案育人的功效。

2. 诚信、规范

学生成长电子档案要始终体现诚信原则，操作力求规范有效。学生是学生成长记录档案的主要作者，更有教师、同学、家长开放性的参与，成长记录要始终体现诚信的原则，记录情况要典型、客观、真实，使其成为学生成长历程中的指导宝典，使其可以作为高校招生、单位录聘用工的重要参考。

3. 周密、严谨

在网络高速发展的信息时代，通过学生成长档案云服务平台，师生和家长可以随时访问学生的成长记录，浏览其个性发展的轨迹。一方面，学生通过用户名和密码登录自己的“成长记录电子档案”，并依据自己的意愿

有选择地对外公布有关内容；另一方面，教师、家长、同伴只能浏览该生公开的内容（师长和同伴可以在网上评价，该生有权决定评价内容是否对外公布）。为保护学生的个人隐私，只有学校特定的机构以及家长或学生本人才有查看“个人日志”电子档案的权限。通过这种手段可以有效保护学生的隐私权，学生有了更多的选择余地，真正成为评价自己的主人。

学生成长记录是一个动态生成的过程，伴随着时间的推移，它体现出浓厚的个性化色彩。为保证它的永久性和完整性，在建立学生成长档案过程中，不能摒弃纸质档案，两者要共存，不可相互取代。它需要教师、家长、学生的共同参与，要求建档者诚信正直，形成教育合力。它是为鼓舞、激励、展现、探究、分享……而设计的。如此，“学生成长记录电子档案”就会成为一本成长日记、一种合理建议、一本指导手册……它通过个体纵向、群体横向的交错，筑起了一个三维立体的空间，发挥了档案育人的显著功效，留下学生异彩纷呈的成长痕迹。届时学校将人才辈出，每个家庭将龙飞凤舞，社会将百业图腾、百花齐放，我们的国家将繁荣昌盛，成为东方的一条巨龙！

六、结束语

基于大数据时代智能化的学生成长记录电子档案，其数据类型多样化，更新速度快，教育者可以动态跟踪学生，综合判断一个学生的能力倾向，把握学生的心理变化，及时评价指导，为学生全面发展创造条件。利用互联网＋学生成长档案云服务平台，引领信息云时代，及时把整合的学生成长档案传递给师生或家长，再现学生的成长痕迹，从而引导学生认识自我，反省自己，建立自信，指导学生全面发展，走向个性化成才之路。

通过以上探究与实践，抛砖引玉，以期对云服务理论研究和建立学生成长电子档案的科学管理提供借鉴与参考，增强学生成长档案育人的实效。

民主评选公平吗

青岛第五十八中学　王立松

背景介绍

根据上级部署，我校每年第二学期初，要评选省市的三好学生和优秀学生干部，若在高三评上，高考可享受加分待遇，若在基础年级评上，可为高三的评选打好基础，并将这一荣誉记入档案。由于关系到学生的切身利益，因而选评的公正合理特别重要。上级要求，各班先民主评选，推到学校后，学校再根据各推荐学生得分高低，确定向上推荐人员，并在全校公示。

按照学校要求，我在班上将有关评选条件公布后，无记名投票选出了3名同学。但评选结果使我感到很意外。全班67人，副班长兼纪律委员53票，团支书51票，班长49票。可是，据我了解，三人的表现与得票数大相径庭：班长工作积极负责，一身正气；团支书乐于助人；副班长虽然在学生会担任副主席，但对班级工作敷衍，有几次班乱，他不仅不管，而且带头说话，几次做他的思想工作，效果都不明显。显然，这个民主评选结果是不公平的。不过，考虑到尊重学生的投票权利，我还是按票数把副班长推荐到了学校。果然班长感到了委屈，第二天找到我要求辞职。我只得劝他说："现在我们遇到了困难，怎么办？我先送你几句话，乐观向上、圆通豁达。也请你好好反思一下，自己在哪些地方做得还不够，今后应做哪些方面的努力。当然，这件事我会搞清原因，给你和全班同学一个解释。"

问题分析

为什么会出现这种不公平现象呢？我想不外乎两种可能，一种可能是我对副班长有偏见，过多地关注了他的纪律和学习问题，而忽视了他的优点。若问题在我，我要赶紧纠正自己的偏见，以免影响学生的发展。另一种可能是我的看法正确，而同学们的评选标准有问题。学生的看法代表着学生的认识水平，学生的认识水平又决定着班级的发展。因此，当务之急是进行详细的调查，弄清事情的真相。

主要工作

评选后的第二天早自习，我在班里提出一个问题：同学们认为昨天的评选公平吗？当时，我没有说出我的看法，目的是一石激起千层浪，让全班同学反思，因为反思的过程是认识水平提高的过程。为了不给副班长造成精神负担，我先找他说："你评选上，说明你在同学中有威信，老师想听听你对你自己的评价。"他说："我也不知道同学们为什么选我，我的纪律不太好，班乱的时候，我管得少，效果也不好。"我问他："身为纪律班长为什么不认真管好纪律？"他说："其实我不愿意管纪律。"我问："为什么？"他没有回答。我转换了一下话题问："你认为班长为什么没评选上？"他说："可能是他与同学交流少吧。"通过调查，我得出这样的结论，副班长虽然纪律和学习成绩较差，但他跟同学关系好。班长注重学习，工作负责，得罪了一些同学。我又找其他同学了解，有的说："我们周围都评班长，他没评上，我们都感到很意外。"也有的说："老师，论能力，班长就是不如副班长，副班长为咱班做了很多工作呢。"这倒是我意料之外的，"你能说得具体点吗？""譬如，上晚自习的时候，咱班同学被学校检查部的学生抓住要扣分，副班长很快出去摆平，给咱班减少了损失。"我恍然大悟，原来问题出在这里。学校的量化管理是为了督促学生养成良好行为习惯的，而副班长利用在学生会的职务之便“走后门”，使自己班该扣的分不扣，从而赚得了同学们对他的支持，尤其是违纪学生本人。这样，学生的错误被掩盖了，班级出现的问题得不到及时解决，其结果将是班风日下。

青年学生正是世界观形成时期，没有踏上社会，就受到社会不正之风的影响，学会了找关系、“走后门”，而不少学生是非标准不清，竟认可甚至赞许这种歪风，确实令人担忧。这是摆在学校思想品德教育面前的一大课题，自然引起了我这当班主任的高度重视。我想，这正是培养学生“三观”的好机会。从生活中提取有争议的德育事件，引导学生讨论，让学生在多元的价值分析中，形成解决道德问题的能力，是提高德育实效的重要途径。

基于这个认识，我先找班长谈话。我表扬了他一身正气、刻苦学习的优点，同时指出，作为班长还要学会与同学相处，在管理方式和管理方法上不断学习，提高管理水平，学会恰当处理人与人之间一些棘手的事情。但这并不等于放弃原则，只要做得正确，就应当坚持，关键时候才能看出一个人的品质，我告诫他不要打退堂鼓。班长欣然接受了我的意见。

然后我找副班长，请他主持一次班会，主题是：班级问题大家谈。当时他正被学生会评为副主席，“市三好”已获得批准，志得意满。他在班会上的第一句话是：“我知道大家对班会犯怵，不过，今天只想请大家随便聊聊。”他用挑衅的口气第一个就请班长发言。可能经过几日的考虑，班长的发言比以前成熟多了，他说：“我这个人的缺点是不善言谈，在管理班级的时候给人一种凶巴巴的感觉，希望同学们谅解。”同学们边笑边报以热烈的掌声。接着，曾当过班长的一个同学站起来道：“班委管纪律的时候应当团结一致，不应有的扮黑脸，有的扮白脸。”“谁扮过黑脸？”副班长追问发言的同学道。“你就是扮白脸的。班级乱的时候，总有一个同学在下面‘嘘’的一声，接着班级开始安静。班长是扮黑脸的，有时他在前面管，得罪了一些学生，而且效果不如那位发出‘嘘’的同学。”又有班委站起来对主持人说："首先祝贺你当选学生会副主席，不过请你管理班级纪律时大胆点，把咱班的纪律搞上去。"我们开的主题班会不是想批评副班长，可是一些有正气的学生还是按捺不住，踊跃发言，这个教育效果要比我去批评副班长好得多。同时，学生说出的话必然是经过认真思考的，这个思考的过程，是他们认识提高的过程。同学们大胆的批评，提高了他们的正义感和责任心。

最后，我发表了自己的看法。我说："我们干任何工作都要扎扎实实，做一个诚实守信的人。找关系不给班级扣分，好像给班级做出了贡献，实际上对班级造成了危害。以后出现这种情况，我们要对责任人严厉批评。如果我们把找分的精力用在管理班级上，那才是对班级的贡献。照章办事会得罪一些同学，班长就是例子。评优时，有的同学存有私心，只看谁和自己好，帮自己干了什么，而不从大局出发，看谁对班级工作负责。如果同学们抱有这样的态度，以后谁还敢管理班级？我们的班级将变成什么样子？对同学们的学习将造成什么影响？同学们应该知道这个道理：一切的失败都是做人的失败，一切的成功都是做人的成功，分清是非是做人的基本素质。"

班会后，我对班委做了调整，原来的副班长担任劳动委员，发"嘘"声自觉管理班级的那位同学担任副班长，责任心强的一名同学担任纪律委员。我保留原来副班长的班委身份，维护了他的自尊心。同时提醒他，要努力抓好学习，学习成绩太差，即使加分也考不上好大学。

主要成效

调整后，原来的副班长有点消沉，但很快适应了新的角色，他天性好动，纪律尽管还不是很好，但学习刻苦多了，主动找到老师要求帮助补习弱科，而且作为劳动委员工作也很尽责，几乎每天早晨都盯在卫生区，提高了班级的卫生量化管理成绩。班长的管理方式也变了，威严的形象被热心肠替代。同学间有什么矛盾，班长一出面就能摆平。同学们说，班长有人格魅力了。虽然我班主任的工作量没有增加，但班级纪律大为改善，期中考试时班级的学习成绩、量化成绩均名列级部前茅。

案例感悟

班主任工作事无巨细，有些事要小题大做。向上述评优问题，若不去做工作，表面上什么事都没有，但班级却存在着很大的危机，对学生发展极为不利，教育者要有敏锐的嗅觉，抓住每一个教育的契机。

从生活中提取有争议的德育事件，引导学生讨论，让学生在多元的价值分析选择中，形成解决道德问题的能力，是提高德育实效的重要途径。

学生民主评选的公正性不是绝对的，它与我们的思想道德教育密切相关，因此，必须扎扎实实地做好德育工作，提高学生明辨是非的能力。

在目前状况下，民主评选工作班主任不能袖手旁观，必须加强班主任的主导作用，弘扬班级正气。

诗意融融123

青岛第五十八中学　王付波

高三易逝，连续四年带班高三的忙碌，都已渐渐远去，很多事情都已模糊，但唯有这些孩子和他们的故事依然清晰，这是一群群让我为之倾出情感和心血的孩子，这也是一群群让我为之骄傲和多年后想起时依然感动的孩子。时间在纵向拉伸，空间在横向延展，彼时的少年，此时已奔赴全国各地乃至五湖四海，但无论时空如何变幻，记忆依然鲜活，老师、孩子和家长的情感依然真挚。都说高三苦，人言高三累，我却愿用诗意的情怀和阳光的心态、打造有鲜活生命和精神思想的高三班级！而今新的国际班高三已经迎来申请，回首幕幕，历历在心！诗意的提醒，柔性的惩戒，不失为一种有人文关怀的惩戒教育。

诗意融融1——老师篇

一、诗意原创的班级文化

班名：十年一剑（高三十一班，十年一剑。十年磨剑未曾试，一载拼搏定乾坤。最美六月亮剑日，强者修学正此时。）；班呼：千锤百炼，十年一剑（押韵，千百十一，历经千锤百炼，方能十年一剑）；班风：入室入静入神入圣超凡（进入教室进入安静高效入圣超凡的状态）；日立日毕日省日就月将（当日事当日毕每天都有反省，日积月累积少成多）；班训：静净于心，敬精于学。静，既指外在的安静有序，又指内在的宁静平和；净，既指外部的干净整洁，包括衣着、教室等，又指内在的洁净朴素之心，经受纷繁诱惑，内心依然笃定。敬精于学，尊敬学业，常怀勤勉敬畏之心，同时做到学无止境，精益求精。

二、诗意的祝福和激励

只有把学生装在心里，才能赢得学生的心。记得2013年暑假去青海旅游，青海湖边的场景震撼了我：一边是一望无尽的沙漠，紧邻的另一边是美丽的青海湖，于是我让朋友照了一张打着13（当时已知学校安排带高三十三班）手势在沙漠中起舞的照片，回来后配上自己所写的一段中英文诗歌鼓励学生：

在沙漠中起舞（Dance in the desert）（节选）

如果说人生是一趟旅程，那么高三就是人生的浓缩，我们来到了看似荒芜的沙漠。但只要你用心体验，勇敢前行，就会感受到沙漠的热情，寂寞的力量：这里有希望的绿洲，这里有生命的精彩，这里是勇敢者的乐园，这里是乐观者的王国！

Deserts are meant to be conquered. Wounds are meant to be healed and problems are meant to become learning experiences. They all serve a purpose. They make us stronger mentally，emotionally and spiritually.

沙漠注定要被征服；伤痛注定能被治愈；问题注定只是求学路上的经历。它们都服从和服务于一个目的——使我们在思想上、情感上、精神上日趋强大……

还有一次期末考后，经过漫长的一轮复习，学生精神萎靡，而此时春天已经来临，处处洋溢着生机，我展示了一些自己所拍的照片，并写了一首小诗加以鼓励。

游园探春

欣玉兰向阳花开，赏金柳迎风怒放。

望校园春光一派，惜高三韶华难再！

每句的前四字意指：欣——春天欣欣向荣，要高兴乐观；赏——对周围事物抱着欣赏的态度，还原一份美好心情；望——是欣赏春光，更是展望希望；惜——高三易逝，高三旋即已逝，此情、此景、此时、此事、此人，万望珍惜！

接下来快要二模考试，学生比较紧张，有个女生谈心时说阴天就容易难过悲观，于是我结合天气变化写了两首小诗送给他们。

激情静候

昨日艳阳高照，今朝普降喜雨。

静观春生夏茂，拔剑书写英豪。

乐观坚持

阴晴皆由他去，心中自是美好。

已过万千险阻，坚持胜似坦途。

临近高考，学校安排了两周的自主静悟时间，我让学生不要纠结在三模考试的进退中，要用好静悟，决胜高考，就送给他们以静和悟为题的诗歌。

静

欢笑诚可贵，

交流价更高。

若为安静故，

二者皆可抛。

悟

退步诚有憾，

进步价更高。

若为静悟故，

二者皆可抛！

当然，在平日的试卷和作业中我都会用诗歌等形式激励学生。记得有一位叫纪小童的艺术生去北京学艺术前要我给他写几句话鼓鼓劲儿，于是就有了下面的文字。

赴京学艺有嘱

纪家有男曰小童，赴京学艺只身行。

酬来满腹凌云志，勤学苦练把功成。

再比如平时发给学生很多创意奖品，高考之前的一次，发给他们的是金帝巧克力，寓意：金榜题名，帝霸齐鲁，巧妙安排，克敌制胜，力拔头筹；同时为了激发学生斗志，这四年高三我都要写一首致亲爱的战友的诗歌，并把全体师生的名字融入进去，让学生备受鼓舞和震撼。

诗意融融2——家长篇

老师用心的付出，家长们也深受触动，他们也在用真挚的文字共同演奏一场诗意和爱的交响曲，节选如下。

致女儿

——胡瑞真爸爸

似水流年，流年似水

我亲爱的女儿啊

你已悄悄长大

依偎在妈妈怀里的小丫

出落得亭亭玉立，美若鲜花

今天是你的成人礼

爸爸妈妈多希望

你把才华尽情展露

你把情感肆意挥洒

尽管爸爸要守护在奶奶的病榻

不能和妈妈一起

亲身去分享你成人礼的荣光

但我相信，你不会怪爸爸

因为孝顺感恩

是爸妈传给你的第一组人生密码

……

诗意融融3——学生篇

2018年5月，学生不知从哪儿得知了我的生日（当然不对），两个班悄悄组织写贺卡，偷偷放进我的桌子上，真的令我颇受感动，其中仅藏头诗就有很多。

亲爱的波哥，高三这一年有您的陪伴，我不知该如何形容我的幸运和幸福。您的班会让无数迷茫的眼神重新迸发光芒，您的课堂让无数疲累的脸庞重新溢满笑容。您是我们心目中公认的的“五好”男人，是集才气、霸气、英气于一身的完美典范。

波波，您是我们最好的班主任，我们爱您。

波浪起伏回清影，

波澜壮阔连天际。

生如夏阳耀天际，

日映水光似跃金。

快马加鞭荷竞放，

乐在高三心怡然。

FROM王珣——你的粉丝

邵紫薇所写对联及横批：温文宽容有底气，阳光正义真霸气。横批：赤子心性。

王欲驾车亲沙场，
付血刀剑视如兵。
波澜不惊把敌寨，
生死抛之天边外。
日久将胜战事毕，
快意恩仇一笑泯，
乐此天下享大同！

——纪小童

王者独存，十三在此。
老将一枚，三人不敌。
师在必得，班强敌弱。
生在中国，高在五八。
日积月累，考场亮剑。
快乐学习，必有收获。
乐在教学，胜在Blue Wave!

——贾怡婷

礼祝歆祀华夏祖，问的仅有承风人。
文王龙背正音鼓，西陵昆仑祭神璋。

一付笑谈过千秋，予逢君子凝先魂。
倾波赤荒孕轩辕，齐鲁滨岸生芷兰。
教老耽之言慧心，鸣师旷之琴箴言。
昔太白傲藐九州，又生籍狂歌流羁。
现风华巍于三尺，忘日晷周兮归复。
正闻生辰恰临至，愈快表赠贺寿辞。
平安顺福延百载，喜乐无忧迁四时。

——伏桑上

还记得2012年参加完省优质课比赛的第二天，我一大早来到教室就看到电脑上“老师我们想您”的话语和图片，令我倍感意外和感动。

只是短短几天，却好像半个世纪那样漫长，忍不住想知道，你什么时候回来?

不敢有稍许懈怠，像你在时一样努力，因为，我们猜，那朗朗书声也会传到千里之外，你的耳畔。

英语课上，走进来的不是你的身影，有些许的失落，稍稍的遗憾，可我们表现得更好，让代课老师称赞全班。

自习期间，我们安静得像大海，想要用勤奋和拼搏证明自己，不论你在或不在。

我们用两分钟站好跑操的队伍，被全校点名表扬，称我们是最快的班。

我们用细腻的心思打理好一切，女生622摘得标杆桂冠。

把一腔热血化作激昂!

把满袖相思化作斗志!

波哥，我们都想你!

欢迎回家！

——高三十一班

接下来，学生们一人一句深情的话语，最后齐声说出："老师我们想您！"这让我终于忍不住泪水，并向学生深深鞠了一躬。

诗意融融、情意融融中，我们走过了高三，为师不易，但学生由衷的祝福和满心感激的小卡片、小物件，好像一股清泉驱走我心灵的疲惫和阴霾，让我内心始终充满希望和快乐，正如14班李艺璇所写：

从来没有见过如此文艺的英语老师，时不时吐露几句诗情画意却意味深长的话，相信即便是语文老师听了也自叹不如吧。有一天和您班的同学说起您，她说："这是上学以来唯一一个全班同学都说好的班主任。"

能得到孩子们的理解和认可，是一种莫大的幸福，更是一种鞭策。教育就是一道回音壁，你付出什么，就会得到什么，祝福这些可亲可爱的孩子们！

诗意地学习，幽默地惩戒

青岛第五十八中学　王付波

学习与诗意似乎互不相干，惩戒与幽默更是难以相连。然而，万事万物皆是矛盾的统一，所以，学习与诗意、惩戒与幽默也并非势不两立、水火不容，而是相反相成、矛盾统一。在诗意中学习，诗意是学习的助推器；寓幽默于惩戒，幽默是惩戒的润滑剂。在诗意中学习是一种温馨的感悟，学习也因此多了一点灵动的色彩，多了一份难得的乐趣；在幽默中惩戒是对惩戒的另一种诠释，是一片幸福的自由真空。诗意地学习，幽默地惩戒，这是素质教育的必然，这是人文主义的召唤。

“学习”一词似乎枯燥乏味，万无趣味可言；“惩戒”二字更是令人望而生畏，闻之胆寒，仿佛就是严肃和冷酷无情。此二者，学生早已恨之入骨，视之若天生敌人，处之如镣铐在身，天天受其限制，日日受其束缚，饱受其苦却敢怒而不敢言。久而久之，学生要么变得唯唯诺诺，唯命是从，毫无个性可言，成为学习的机器，成为纪律的牺牲品；要么反感抵触，不惜以身试“法”，以旷课为乐趣，把违纪看作光荣，自暴自弃，破罐破摔，学习无从谈起，惩戒更是一纸空文，任凭班主任狂风暴雨，我自岿然不动。如此一来，学习和惩戒真乃害人不浅、猛于虎也！难道学习非得如此枯燥，惩戒也必须冷酷无情吗？让学习多一些诗意，让惩戒穿上幽默的外衣，能否会好一些呢？

回顾以前，作为年轻班主任，我没有工作经验，缺乏管理艺术，于是便向老教师讨教经验，最为简单有效的答案便是“严格”。于是“严格”便成了我日后工作的尚方宝剑，时时严要求，处处不放松。此招一出，果然有效。然而，严格也并非万能钥匙，时间一长，学生对我产生了抵触情绪，见了我，仿佛见了瘟神，避之不及，外表上服从，内心满是怨言和委屈，甚至经常跟我玩猫捉老鼠的游戏，我一离开教室，他们便开始“出洞”，仿佛监狱的囚犯重新获得了自由。于是我也不断反思，难道对学生非得严酷吗？莫非我们天生就是阶级敌人？师生能否平等民主、和平共处呢？但我也知道学生岂能不学习？学校又怎能离开惩戒？怎样才能让学生喜欢学习，如何让学生信服惩戒才是最为重要的。其实学习也不但不是枯燥乏味，惩戒也并非冷若冰霜。换一种心态，变一种方式，让学习多一点诗意，多一点生活的气息。让惩戒多一份幽默，多一份人文的关怀。快乐而又诗意地学习，轻松而又幽默地严格，而这个严格也无须过于苛刻，要严而有度，严而有方，严而有格。

后来，在一次自习课上，我松了松自己长期绷紧的面部肌肉，摒弃了自己苦苦设置的冷酷防守，挤出一丝笑容，并随口说了几句：“要想学习好，纪律少不了。”“纪律是块宝，时时要记劳。”“大家齐努力，爱拼才会赢。”同学们顿时哄堂大笑，掌声不断，可爱而又灿烂。那时候我才意识到，“原来学生如此可爱啊”。以后的日子里，笑容常常挂在我的脸庞上，幸福也常常在他们脸上荡漾。我们之间不再遥远，变得亲切自然起来。我给他们制定了“一心、二意、三个代表、四个起来、五自方针、六项原则、七不违反、八面威风”的班规。班规的制定使班级的发展步入了正轨，同学们的积极性空前提高。

自习和上操也是大问题，有时有学生说话，我便不分青红皂白，劈头盖脸一顿狂轰滥炸，效果虽是立竿见影，然而几天以后，他们依然故我，“涛”声依旧；上操时，懒懒散散，无精打采，跑不齐，喊不响；教室卫生不堪入目，互相推诿，随处可见垃圾，不时还有痰迹……我就跟他们说“活动活动，活着就得动”，“生命在于运动”，“跑一跑精神好，动一动没有病，学一学脑子活”，“跑就跑它个精神抖擞，跺就跺它个地动山摇，喊就喊它个天崩地裂”。学生听了高兴之余，也格外精神，跑得齐，喊声大，跺得响。要开运动会了，同学们积极排练方队，却不知喊什么口号，我顺口说了一句:“八班八班，勇往直前，美好明天，辉煌无限。”并夸他们“男的挺帅，女的愣赛，八班各个都不赖”，还说“运动会前大练兵，八班精神记心中”。他们听后，练得特别起劲，喊得特别响亮，最后夺得了队列奖。运动会期间，为了鼓励他们加油呐喊，我亲自上阵当起了啦啦队长，“八班是一家，快乐你我他”，“八班一家亲，掌声暖人心”，同学们也都拼命地鼓掌，忘情地呐喊。4×400米接力，我们班落后很多，但队员们没有放弃，同学们更没有放弃，因为我们都坚信八班必胜。同学的呐喊和掌声似乎给了队员们无穷的动力，在近乎到达终点的一刹那，完成了超越，获得了第一。我也不断地加油助威，“接力连着你我他，高一八班顶呱呱”，“八班好，精神永不倒，风景这边独好”，最终我们取得了总分第三名。

凝聚力和集体意识是班级健康运转和学生学习不断进步的保证。从开学第一天起，我就跟他们说“进了八班门，都是一家人”，“八班是一家，不分你我他”，“团结就是力量”，并郑重提出了“八班人”这一普通而极其伟大的概念，并在“班”字中间加了一点，即为“心”，而“心”的两边各有一个“王”字，并在其左右两边加上一句对联：八班若有心，王冠天下人。人人与八班休戚相关，八班于人人紧密相连。希望八班人做一个有心人，用心做事，尽心学习，全心做人。鼓励他们“吃得春夏秋冬苦，但求无愧于我心”，并写了一首诗送给他们。

8、八班、八班人和·

左右对称，上下相连，

本是一条直线却执着的回环旋转。

历经苦难，挫折不断。

历练，历练，

最后封闭成一个美丽的字眼，

于是就有了8的出现。

8字其实很简单，一笔贯穿，一脉相连。

看似两个互不相干的圆圈，

却有着深刻的内涵，

那是心与心的相连，

那是对直线——1——No.1的无限期盼。

有了8的出现，总能引起我的思绪万千。

于是，我喜欢上了8的所有相关，所有相连，所有所有的滴滴点点……

于是，八班最先浮现在我的眼前，

八班——美好由你而现，八班——喜欢难以避免。

然而，单单“八班”两个字眼似乎缺少激情与火焰，

缺少创造的灵感。

于是，我又开始搜寻生命的斑斓。

终于，“人”字在脑海中盘旋盘旋。

人是灵感的源泉，

人是激情的火焰。

于是我想起了三个豪迈而响亮的字眼——八班人。

八班人读起来朗朗上口，

八班人听起来豪气冲天。

八班人永不言弃，

八班人勇往直前。

八班人创造着八班的美好无限，

八班人创造着八班的奇迹不断。

然而，我总觉得似乎还少了一点，

那一点是你，那一点是我，

那一点深深埋藏在我们心田。

点与点相连，构成“心”的图案。

于是，“班”字不再孤单，
因为有了心的出现。
心与心上下相连，
“8”字随之而现。
因为有了心的出现，
“8”字还原成一条完美直线——1——No.1
有了心的出现，八班便成为王者。
有了心的出现，人人便有了王冠。
有了心的出现，便有了八班人的完美奇观。
有了心的出现，这个世界便出现了一个全新的字眼——班。

致八班

汝本天之骄，
秉性亦英豪。（天资聪颖，秉性英豪）
若要成大器，
韧忍当记牢。（坚忍不拔之毅力，持之以恒之精神）
父母实不易，
昼夜不辞劳。（多一点理解宽容，少一份牢骚抱怨）
志当存高远，
试与天比高。（目标坚定，志向高远）
待到功成时，
一飞冲天笑。（功成名就之时，笑傲江湖之日）

希望他们以后在求学路上同舟共济，风雨同行，拼春夏秋冬，搏春华秋实，因为我们都是八班人，因为八班在我们心中。

后来，我又写了一首诗来激励他们，歌颂八班。

颂八班

八班好，精神永不倒，风气日日新。敢争先，人人皆为英雄好汉。

铁血丹心笔为剑，笔为剑，剑落影寒。

勇登攀，尽是风光无限。

峰回路转两重天，两重天，天上人间。

八班好，好八班，把班学子志高远，敢叫乾坤倒转，敢把沧海变桑田。

沧海桑田亦难变，情定八班皆有缘。

缘无尽，情绵绵，奋有为，志更坚。

任凭风云变幻，笑看八班美好灿烂在明天！

在我的带动下，他们朝气蓬勃，什么事都全力以赴，班级也成了他们温暖的大家庭。他们纷纷在班级日志上表达对家、对八班人的由衷祝福。

也许并不完美

一片树叶，

走过芳华，

走向老去的刹那。

也许并不完美，但是它

带走了树的牵挂，

它的生命中开出了幸福的花。

一支飞虫，

脱壳而出，

身躯单薄。

走过隆冬，走向繁夏。

也许并不完美，但是它，

普出了顽强的一生，

它的坚强，将永远不会融化。
一个婴儿，
睁开双眼，
走过童年，走过繁盛，
走完生命。
也许并不完美，但是他
身系亲人的祝福，
他用平凡，舞出人生，舞出生命如画！

——高一八班藏倩

如梦令　逃学

逃学旷课不要，
风声容易走掉。
兴尽晚会校，
有被老师捉到。
糟糕，糟糕，
不知检讨多少！

——知名不具劝同学们学习

八班八班，各个好汉。不当软蛋，只想夺冠。

——知名不具

我不能随波浮沉，为我挚爱的亲人，再苦再难也要坚强，只为那些期待眼神。

——给一些不求上进的好兄弟　102

在一片团结进取、拼搏向上的氛围中，我们迎来了几乎所有篮球、足球比赛的胜利，迎来了一面面流动红旗，迎来了期中考试的胜利……然而，他们也为所有的胜利付出了代价，一味满足于现状，沉湎于过去的辉煌，渐渐模糊了未来奋斗的方向。失败没有让他们害怕，胜利却让他们在幸福中慢慢地倒下。我不断激励他们要“活而不乱，外松内紧”，并给他们写了一副对联：胜不骄败不馁，愈挫愈坚，天高云淡；赢得起输得起，亦苦亦甜，人生不凡。在期末考试的前一周，他们终于觉醒了。于是，班级BBS的留言又多了起来。

不要总在期中考试的影子中，这样好学生失去斗志，而差点的学生则会失去自我。希望同学们往前看，八班是第一。希望同学们能燃起学习的火焰，共度这“激情燃烧的岁月”。期末考试快要来到，希望同学们到时会用自己的信心，打败所有的对手，八班必胜！作为个人，我会更加努力，希望同学们监督。祝同学们期末有个好成绩！

——高一八班孟瑞

没有最好，只有更好。

——送给咱八班一句话　FZ

现在他们依然在路上，他们曾在阳光中前行，也曾因迷恋路边的风景，而耽误了远方的行程，从而陷入了风雨中的泥泞，然而风雨泥泞过后，他们懂得了阳光的味道和风景的美妙。

现在他们依然在路上，在风雨中阳光，在阳光中成长。

现在他们依然在路上，在幽默的微风里，在诗意的细雨中，翘望远方的曙光……

宽容是最好的惩罚

文登市南海高级中学　曲　静

一个平常的周末午后，家中八岁的小女儿正在例行公事地练琴，只见她两手松松垮垮、坐姿随随便便——这两个问题我都不知道强调多少遍了，此时，我心中的怒火噌噌地往上冒，真想冲过去进行一番暴风骤雨式的批评教育。但每次如此这般的批评过后没见女儿有什么长进，只看见女儿弓背认错的可怜模样。于是，我忍住拼命想往外钻的批评话，转而用平缓的语气说："佳佳，你刚才弹的音阶一个音都没错，真棒！"女儿转头看着我，眼睛都变亮了。我抓住时机，"要是你的手能立起来，腰杆坐直就更棒了。"女儿听了什么话都没说，但是她的十个手指真的用力地立起来，腰杆也坐直了，效果真是出奇地好。

我不由得想起一句话，"宽容就像天上的细雨滋润着大地。它赐福于宽容的人，也赐福于被宽容的人"。作为一名教师，我是不是也应该放下高高在上的"严师"面孔，抛弃空洞无味的"谆谆教导"，以宽容笑对每一个学生呢?

班上有一个高个子的男同学，我们就称呼他小伟吧。小伟玩心太重，上课喜欢走神，作业也不按时交，好不容易交一回，不是抄袭别人的就是胡诌上去。我尝试过很多方法：严厉的批评、上课多次提问、罚写强化记忆等等。但是，小伟依然我行我素。有了女儿练琴的经验，我决定反其道而行之。有一次小伟的作业10道题只做了6道题，正确率更别提了，但是我发现了一个亮点：有一道题全班只有他一个人做对了，这肯定是他自己做的。

上课进行习题讲解的时候我特意表扬了他一番。他居然站了起来，不好意思地说："老师这是我胡诌上去的。"

"那你也是有自己一定的判断依据的。"

他听完后低着头坐下了。到了订正的环节，我发现他神情非常专注，真的是那种全神贯注的样子，平时喜欢梗脖子的大个子认真订正的样子还真是可爱呢。此后的小伟真的变了不少，虽然上课仍然有点走神，但作业都是认真地去做，当然我也没闲着，进行着跟进式的辅导和适当的表扬，效果真的不是一般地好！

其实，你对学生所犯错误予以宽恕，就是对学生改正错误的一种信任。你对学生信任，学生也会对你"投之以桃，报之以李"。

有一次自习课上，我坐在讲台前做题，学生在下面做题。过了一段时间，我准备巡视一下看看学生做题的进度，还没走到教室后面，就看见小芳慌张地把藏在试卷下的英语题塞进桌洞里。我用眼睛的余光扫过她，但没有当面拆穿她，更没有在静悄悄的教室批评她。我径直往前走，仿佛什么也没发生过。下课了，小芳主动来办公室向我承认错误，请求我不要告诉班主任，以后再也不这样了。我遵守了我们之间的约定，充分地信任她，小芳也没有辜负我对她的信任，再也没有犯过类似的错误，而且学习化学的劲头可是越来越足了。

没有什么歧途不可以回头，也没有什么错误不可以改正。有时，宽容比惩罚更有力量。但宽容并不等于纵容，不是对学生的错误视而不见、听之任之，而是采用宽容的心态去接纳学生，摸清学生的特点，及时抓住学生的亮点给予肯定和适度的表扬，让学生消除抵触的情绪，能够对老师敞开心扉，真心地接受老师的意见，认识自己的错误并改正错误。

苏联教育家苏霍姆林斯基说过一句话："宽容引起的道德震动比惩罚更强烈。"

做一名宽容的老师，让自己的心像大海一样宽广；做一名宽容的老师，用爱去融化学生心灵的坚冰，用爱伴随着学生在学习的征途中展翅高飞。

“人文性”或可为惩戒之则

青岛第六十一中学　潘宏达

“惩戒”有人文性吗?

答案似乎是确定无疑的。尤其是在教育这个语境中,“惩戒”似乎和“人文性”沾不上边,甚至是对立的。长久以来,人们对“惩戒”的口诛笔伐也大多是高举着“人文性”这面旗帜,所向披靡。

现实生活中,人们的判断往往来自于片面的直观印象,“惩戒”的厄运大概也源于此。就多数人而言,提起“惩戒”,眼前晃动的总是挥舞的大棒,或是凶神恶煞般的丑脸,还有触目惊心的皮肉之伤——这当然与人文性相去甚远。

但是,这样的认识显然是混淆了“惩戒”与“体罚”。

为了正本清源,我们还是看看这两个概念有何不同。

惩戒是指“通过给学生身心施加某种影响,使其感到痛苦或羞耻,激发其悔改之意,从而达到矫正的目的”。体罚则是指“施加惩罚使学生身心感受到痛苦,以促使其避免痛苦,改正错误”。

就概念而言,“惩戒”与“体罚”有以下两点不同。

一是作用机制不同。前者的作用机制在于引发“痛苦或羞耻”,“激发其悔改之意”,属于道德体验的范畴,因此“惩戒”是教育行为。而“体罚”的作用机制在于使对象“感受到痛苦”,“以促使其避免痛苦,改正错误”,属于反射范畴,所以“惩罚”是管制行为。

二是实施目的不同。前者的实施目的是“悔改”,是治本;后者的目的是“害怕”,是治标。前者会形成道德行为的内驱力,预后效果好;后者只会形成表面的顺从，预后效果差。

从法律的角度看，我国的法律严禁体罚行为。《义务教育法》第二十九条明确规定，不得对学生实施体罚或变相体罚，如长时间罚站、禁止吃饭、强迫劳动、过度抄写作业、放学后在校长时间留置等。但是，《中华人民共和国义务教育法释义》针对《义务教育法》第二十七条的解释中也指出：“对违纪的学生学校可以给予一定的惩戒，但惩戒要符合国家有关规定。”可见，教育法并没有否定惩戒作为一种必要的教育手段的合理性。

但是，教育惩戒是一种高难度的教育技巧，在具体实施过程中，受多种因素影响，可能会出现偏差。

首先，教育惩戒执行程序尚无明确规定。惩戒措施执行时，该先做什么，后做什么，怎样开始，如何结束，执行者和被执行者都不清楚。因为没有清晰的程序，执行中双方对事情的发展和结果缺乏清晰认识，容易对“惩戒”产生误解，造成偏差。一方面是个别打着“惩戒”旗号的“体罚”行为的真实存在，另一方面是一些常用的“惩戒”行为都被指摘甚至禁止。

我们不妨拿美国的公立学校常用的惩戒方式进行参照：

（1）训斥。在我们这里很可能被指责为语言暴力，伤害孩子心灵。

（2）逐出教室。我们通常判定这是剥夺学生受教育权的错误行为。

（3）课后留校。我们的法律明文禁止。

（4）劳动作业。我们的法律明文禁止。

还有诸如短期停学，禁止部分校内权力如社团活动、乘坐校车、外出参观，直至开除等，在我们这里都是不允许的。

我国的学校倒是有一些明文规定的、针对重大错误行为的惩戒措施（通常被称为处分），如通报批评、警告、记过、记大过等，但是一来学校往往很少使用，二来为避免影响学生前途，学校通常会在学生毕业前撤销处分，所以犯错误的学生往往对这些惩戒规定不以为意，致使这些惩戒措施的教育效果不尽如人意。

有些地区规定将学生不良行为记入评价手册，将手册中的评价内容作为学生升学的重要依据。可是，哪所学校、哪位老师会情愿拉低自己学校、自己班级的升学率呢？所以这样的规定最终只能是一纸空文。

由此看来，恰当的“惩戒”的确是个难题。

其次是“赏识教育”的片面倡导，夸大了“赏识”的作用，从而使社会舆论陷入片面“赏识”的迷狂状态，刻意回避了教育的另一翼——“惩戒”。加之家长的过度宠爱、袒护，媒体对体罚事件的热衷与炒作，导致学校、老师不敢管，不愿管，生怕惹了麻烦，承担责任。

于是，“惩戒”就被彻底地放逐。

但是，没有“惩戒”的教育毕竟是不完整的教育——这是每个清醒的教育者的共识。那么，在“惩戒”的具体实施规定缺失的今天，我们怎样把握“惩戒”的方式和程度呢？

“人文性”也许是突破这一困局的一个值得探讨、尝试的标准。

什么是“人文”呢？一般可以这样认为：人文就是人类文化中的先进部分，即先进的价值及其规范。其集中体现的是尊重人、重视人、关心人、爱护人。

“体罚”之所以被人们诟病以致摒弃，也多半源自其对人的不尊重、不重视、不关心、不爱护。对学生不尊重、不重视、不关心、不爱护的所谓“教育”行为，不太可能教育出懂得并践行尊重人、重视人、关心人、爱护人的学生。恶性循环，甚至将会阻碍社会文明的整体进程。

“人文”既是一种先进的价值理念，也是一种思想行为的规范。既然是先进的价值理念，就是我们共同努力的目标；既然是规范，它就带有共同遵守的契约性质。

把“人文性”放到教育这一语境来理解，那么，“人文性”就不仅是对教育行为的规定，同时也是对被教育者的期待和要求。

具体来说，人文性的惩戒应该遵循哪些原则呢？

第一，人文性的惩戒应该是满含尊重善意的。惩戒的最终目的是帮助学生健康成长。任何带有报复性的或发泄情绪的非教育性手段，都是不恰当的，甚至是非法的。著名教育家魏书生经常采用“善意补偿式惩戒”处理学生的犯错行为，即犯小错给全班同学唱歌，较严重过错则以一件好事补过，更严重的错误就要罚写一篇500字左右的说明书。唱歌与做好事这两种惩戒方式不带有任何侮辱的性质，甚至还可以让犯错的学生以更为正面、积极的形象面对他人与集体，体现了教育者对犯错学生人格的尊重，对他们补偿过失的勉励。同时，这种“善意补偿”行为着眼于服务他人，也培养了犯错学生关爱他人的意识。“说明书”看似等同于检查，实则不然。说明书是个纯然中性的词语，不带任何贬抑色彩，而且说明书因其强调细致的内心剖析，可以引导犯错学生进行深刻的道德认知。这些具有人文性的教育惩戒方式收到良好的效果，非常具有启发意义。

第二，人文性的惩戒应该是关注差异的。教育者要根据错误性质、程度及犯错学生的年龄特征、性别差异、个性特点等选择不同的惩戒方式，比如对于首次犯错的学生和多次犯错屡教不改的学生，对于故意犯错和无意犯错的学生，对于胆汁质、多血质、黏液质和抑郁质的学生，对于女生和男生等，都要区别对待，并且注意教育惩戒的时间、地点。

例如，孤僻型学生与同学交流少，常常独来独往，心胸狭窄，自尊心强。此类型学生不太适合惩戒教育。外向型学生比较适合惩戒教育。适当要求他们参与班级服务，增强他们的集体荣誉感和责任感，有时会起到意想不到的效果。总之，教育者应该依学生特点选择适宜的惩戒方式，才会恰到好处，效果明显。

第三，人文性惩戒应该注重体验。通常的惩戒手段大多仅作用于道德认知层面，由于缺失了情感体验，形成的道德感往往不够深刻、持久。曾经读过这样一则案例：某学校一寄宿学生晚上拨110报警，称宿舍失盗。警察接警后，迅速赶到现场，了解案情。结果竟然是该生丢失了一个牙刷。警察愤然离去，该校主管德育的领导没有严厉斥责该学生，而是请求警察将该生送到110指挥中心，观看警察工作过程，其间还数次跟随出警。一夜的经历，该生对警察工作的繁忙、复杂、危险有了深刻的体验，对自己的行为痛悔不已。这次体验式惩戒可谓取得了绝佳的教育效果。

第四，人文性惩戒应该做到因势利导。诺贝尔生理学医学奖得主麦克劳德小时候对动物有着特别强烈的好奇，他非常渴望知道狗的内脏究竟是怎样的。好奇心的驱使，让他把校长最为钟爱的小狗杀死以图看个究竟。校长听闻后，惩戒他将小狗解剖，然后再画出小狗的骨骼图以及血液图。麦克劳德心甘情愿地把校长交给的任务出色地完成。后来，麦克劳德成长为一名杰出的解剖学家。可以说，校长因势利导的惩戒，促成了一个优秀人才的诞生。这种惩戒方式，既呵护了学生的自尊、顺应了学生的天性，同时又促进了学生的发展。

第五，人文性惩戒应该就事论事。用恰当的惩戒方式让犯错学生明确错在什么地方，应该怎样去改正，而不要将过去所犯的错误统统搬出来说个没完没了。

第六，人文性惩戒应该是恩威并重。学生受到处罚后，不能从此冷眼相向，应选择合适机会给予信任鼓励，增强改正错误的信心，尽快以积极的心态融入集体。

在教育实践中，教育方式的正确、恰当与否，常常会引发争论。在当下，“惩戒”教育尤其如此。当一个问题纠缠于争论中让人无所适从的时候，也许我们就该跳出争论，回到教育方式的原初目的，从形而上的层面寻找一个基点，去俯视具体的教育方式，或许会产生豁然开朗的效果。“人文性”是否就是这样一个俯视“惩戒”教育的基点呢？

爱的内涵

青岛第六十一中学　潘宏达

记得多年前，初任班主任的时候，一位受人尊敬的优秀的老班主任语重心长地对我说：“其实，当好一个班主任也不是件难事儿，只要记住——爱学生。”

最初的工作中，我的确在努力践行着“爱学生”这一准则。

学校要求的礼仪常规，我不以为然，何必让学生那样拘谨，活泼，自由一点儿岂不更好？

早晨迟到，没关系，谁还能没点儿意外？

打扫卫生，学生够不着的地方，别让他们费劲了，我来不就完了吗？

……

一段时间之后，我恍然发现，我的学生是同年级学生中最没有礼貌的，我规定的班级制度，几乎没有一样能落到实处。学生迟到，自习课混乱，成绩落后，不堪的局面让我每天焦头烂额，哪还有心情去爱他们？

甚至有一段时间，我曾固执地认为，学生需要的并不是爱，而是管教。但是，整天一副凶面孔，自己都觉得面目可憎，又能坚持多久？

在跌跌撞撞地走过十几年班主任历程之后，我才渐渐品味出“爱学生”这三个字的分量。

真理往往就蕴藏在这简单、质朴的话语中，正如那则被人津津乐道的禅宗公案——看山仍是山，看水仍是水。只是“爱”这幅山水，实在是内涵丰富，风光无限。

记得有一次课前，我刚走进教室，一股异味扑面而来，我看见今天带病坚持上课的××同学正无精打采地趴在课桌上，旁边是一滩呕吐的秽物，经过的同学都掩鼻绕行。坐下的也都是面面相觑。看到这种情形，我默默拿起扫帚和簸箕，将秽物仔细清扫、倒掉，又用拖把把地板擦净。然后开始上课。

第二天，××给我写了一封感谢信，稚拙的文字中流露出的真情，让我感动不已。但这件事也让我陷入沉思：一个处于病痛或者困境的学生，是多么渴望别人的关爱和帮助啊。然而，面对这样的同学，学生们所表现出的冷漠，又是多么让人失望，或者说是让人担心呢。我们的孩子，从小习惯于别人对自己无微不至的关爱，却渐渐忽略了怎样去关爱别人。

而我，身为班主任，唱的不应该是独角戏，我应担当起合唱的指挥。

于是，在那个星期的班会课上，我让同学们做了这样一个游戏。

听说做游戏，学生们都很兴奋。很快，他们按我的要求分好了小组。按照游戏的规则，组内同学轮流用毛巾捂住眼睛，站在由其他组员围成的圈中，任由同学们将他推来推去。被捂住眼睛的同学，无一例外，都是从满脸笑意，到渐渐黯然，继而开始愤怒。

游戏结束后，我让同学们回到教室，开始讨论自己的感受。几乎每个同学谈到自己被捂住眼睛，又被推推来推去时的那种孤独、无助，是多么的痛苦。推己及人，在一个集体中，大家的互相关爱是多么的重要。

我不失时机地再次提起前几天的事情，同学们都默默低下了头。最后我说：以后再发生这样的事情，我相信，第一个拿起扫帚的人一定不再是我。后来，班里又出现过类似的事情，却再也无须我亲自动手了。

于是，我告诉自己：爱，需要的是延伸和传递。

我班××同学是个出了名的“刺儿头”，经常与同学发生矛盾，参与打架斗殴、欺负同学，让我伤透了脑筋。

通过家访，我了解到了该生家庭教育存在的问题：父亲忙于事业，无暇顾及家庭，孩子的教育问题完全推给了母亲，母亲却溺爱孩子，处处袒护，等到发现孩子出现了问题，父母又开始互相埋怨。父亲认识到自己的教育责任后，方法又极为简单粗暴，孩子逆反，母亲也不认同。孩子更是轻视母亲，仇视父亲，我行我素。于是家庭关系极为紧张。父母束手无策。

针对这种情况，我又进行了多次的家访，与家长探讨家庭教育的原则和方法。通过交谈，孩子的父母终于认识到一个和谐、平静的家庭氛围对于孩子的重要，认识到家庭成员之间的和谐交流是多么重要。他们承认了各自的失误，并互相取得了谅解。这样，家庭、学校的教育合力就形成了。

孩子这边，我结合相关的文学作品和个人的经历，引导孩子体会父爱，最终消融了父子的隔阂。父亲节那天，孩子的父亲兴奋地告诉我，孩子第一次给他送了节日礼物。

值得一提的是，我也有一个意外的收获。

我曾尝试周末带着他到处游览，一方面拉近我们的心理距离，消除抵触，另外，在游览途中进行思想教育又显得很自然，易于接受。后来，我意外地发现他特别喜欢优美的建筑。来到天主教堂、八大关、花石楼等景点，他总是细细观赏，不愿离开。青岛，在建筑欣赏方面有得天独厚的条件。于是我便利用休息时间，带他四处参观有特色的建筑。各种建筑风格的特点，我也尽我所知，讲解一二。还有不懂的，我就带他到图书馆，指导他查阅相关书籍、资料。当他走进图书馆，看到浩如烟海的图书资料，以至于不知从何看起的时候，我分明看到他的脸上写满了惊奇和谦逊——一种对未知世界的惊奇和对知识虔诚的谦逊。我想，这对一个孩子而言，是多么宝贵的成长契机呀！我实在是庆幸自己的这份意外收获。

有一天，孩子告诉我，他居然硬着头皮读完了黑格尔的《美学》中有关建筑的章节，虽然还有很多的地方看不太懂。还说，自己的志向是当一名优秀的建筑师，造流芳百世的建筑作品。

此时此刻，在惊喜和欣慰之余，我告诉自己，爱，需要沟通和交流。

××是个特困生，离异的母亲，靠着自己微薄又不稳定的收入艰辛地维持着不完整的家庭。可是孩子很不懂事，爱慕虚荣，留怪异发型，与同学攀比吃穿，交往社会上的不良青年。这些表现，让我不由想起张天翼的小说《包氏父子》中那个不争气的小包，内心的厌恶油然而生。然而，我知道，厌恶学生是有悖于为人师者的良心的。

平心静气地想一想，所谓的“寒门出才子”“穷人的孩子早当家”其实只是众多的故事、传说给我们造成的心理定势。

设身处地地想一想，这个孩子家境不好，自卑的痛楚需要他用华丽的外表来掩饰，促使他在一些出格的行为中寻找满足；父爱的缺失，使他急于在所谓的“哥们儿义气”中寻找安全感。他是在用自己的方式显示它的存在。

我相信，孩子的内心其实并不轻松。

这样想来，一切变得合情合理，自己的心情也平和了许多。

于是，在平日里，我用心地发掘孩子的优点，不失时机地给予表扬。有时，故意将班内的一些事务交给他去办理，他总能完美地完成任务，我也不吝惜自己的赞美和欣赏。

每逢传统节日，我总是带些礼品到他家去坐坐，像亲戚朋友那样随便地喝喝茶，聊聊家常。渐渐的，孩子与我越来越亲近。有了这样的铺垫，我再针对他的症结所在，与他共同分析自己那些不必要的自卑与虚荣，帮他甩掉思想的包袱，自然也就水到渠成了。

我由衷地感到，爱，需要内心的平和与宽容。

当然，有时候，爱，还需要一点机智。

一个周一早晨，当我走进教室，发现往日平静的早自习今天有些异样，学生们三五成堆，似乎在商量什么。虽然我有些生气，但我知道生气解决不了问题，就找到几个同学了解一下情况。原来，在双休日，我班同学宋×因车祸住院，学生们正商量着中午去看望他。我想，同学们之间的感情是可贵的，应该找出一个既满足学生感情，又不至于干扰学习秩序的解决办法。于是，我提出一个建议，由每位同学写一句慰问的话，选出三位学生代表和我一起带着同学们的祝福，带着鲜花和礼物在午休时间去看望住院的同学宋×。同学们一致表示支持。一场风波就这样平静地解决，而且，让每个同学都感到了集体的温暖。

其实，拥有爱的心境，也并不都是那么淡定、恬然。因为爱，总不免萌生无尽的期望，因为期望，内心就会倍感急迫。

所以，我经常告诫学生这样一句话：人生不是一次长跑比赛，我这一圈跑慢了，下一圈紧几步可以赶上去。人生是一次又一次的跳远，经过起跑、加速、在起跳的一瞬必须达到速度的极限，才能一跃而起，到达一个阶段性的目标彼岸，然后顺利地开始下一次的起跑。但只要稍有闪失，那就可能错失良机，当你在失败中觉醒，爬起的时候，别人也许已经成功地进行了下一次的起跳。

于是我告诫自己，我的责任，就是充当学生起跳的跳板，在他们起跑时召唤他们的方向，加速时催促他们的速度，起跳时将他们用力托起。

身为班主任，我愿做好这块跳板。因为归根到底，爱的真谛是——奉献。

因势利导巧惩戒

青岛第六十一中学 纪惠霞

开学已经两个多周了，早自习学生学习情绪还是不稳定，我有心要抓早自习纪律。碰巧，这天一进教室门，班里闹哄哄的，我发现张××在眉飞色舞地说笑，当下我就把他叫到讲台上问话。批评过后，一转头，正见班长王×在挤眉弄眼地传纸条给学习班长王××，我挺生气，这是班干部，是品学兼优的学生，竟然敢不分场合地瞎闹。我生气地把纸条收上来。而王×此时，脸已经成了紫茄子，趴在桌子上眼睛盯着书紧张得一动不敢动。本想爆发的我，又觉得不妥，这样多影响大家上早自习的情绪，再说王×是个思想品德好、学习又好、班级工作做得很出色的学生，当着全班同学面批他，未免太伤他的自尊了。我拿着纸条，狠狠地瞪了他两眼，回到讲台前。一个早自习他竟没有再吭一声。

等我打开纸条一看，原来是一首词。是这样写的：

南乡子·坐教室胡思乱想有思

老班在训某？原是××在犯抽。雨过天晴何时有？嗞溜。大雨过后风逃走。

坐观黄河口，多少黄沙付流走。天下江山谁独有？××。白天做梦不犯愁。

嗯？这不正是我刚才批张所超的事吗？再看“南乡子”这个词牌，我们这两天刚学过《南乡子登京口北固亭有怀》，他这立马就用上了。每次学诗词，我都拓展点诗词知识、诗人往事、创造背景、题目或词牌名、诗词意象、写作技法等。同学们每次学诗就特来劲，感受着诗人的情怀，品味着诗人的才气，他们好不羡慕。也就是在这次学诗的时候，我讲了一点儿词牌的知识，我把该册要学的词牌从要求的字数、平仄及押韵情况给学生讲了一下，不想，才过一天，王×就开始尝试了。平仄没有按要求，但押韵基本上规范，并且他能在早自习这么短的时间里写成这首词，实属难得。赞赏着他的才气，我刚才的怨气消了一半。欣喜之余，把它拿给办公室其他老师看，大家议论感慨了一番，都说他有才气。

不过再有才气，也不能带头违反课堂纪律，何况是班长，批评还是要给的。怎样惩罚他，我在思考着。正好课堂默写《南乡子登京口北固亭有怀》王×又错了两处，这下“两罪”并罚，我有了主意。我把他叫到办公室，先把默写给他看，他错了两处。他一看，脸一下红了，肌肉绷得紧紧的，低着头不敢看我。看到他已经这样，我再严厉指责一番已显得没有多大意义。于是我改变策略，把他一扳面向同事们，“看，这就是我们的大才子王×。”同事们马上帮起腔来，这个说：“这就是王×呀，久闻大名，你们老师常常夸你有才气，今天看到你写的词，果然不错。”那个说：“王×啊，能在这么短的时间内一挥而就，还能及时反映当时情境，又朗朗上口，难得呀。”另一个说：“王×，你的字写得很有个性，不错。不过，什么叫‘犯抽’？”这时的王×被老师们一表扬，脸又红了，这是兴奋。听到后一个老师问话，他抿嘴笑了，说：“就是挨揍。”老师又说：“挨揍就挨揍呗，干吗写犯抽？”王政不假思索地说：“不，老师，这句韵脚需要平声字，再说，揍抽象，抽多形象，你想想，用鞭子抽，用尺子抽那画面多生动。”大家都笑了，他也笑了。我一看时机到了，接着找了把尺子，让他把手伸出来，说：“来，让我给你们演示一下什么叫抽。”“啪！”我敲了一下，“这叫不叫抽？”“叫！”“哈哈！”全场都笑了。“啪！”又一下，“你该不该抽？”“该，我真该抽。”他很认真地说。“啪！”又一下，“为什么？”我追问。“学习不扎实，还在早自习上想入非非，更不该传给其他人看，影响其他人上自习。我是班长，不该带头违纪，给同学们造成不好的影响。”他一口气说了这么多，说得真心诚意，悔意挂了一脸，看来已经提前反省了。我问：“该怎么解决？”他说：“以后提前默写一遍，保证不出错。我愿意值日一周弥补因为写诗和违反课堂纪律给同学们带来的不良影响。”老师们听了，都称赞他作为班长的觉悟高。我也高兴，可又怕把他刚刚萌动的才情给扼杀了。要知道不是所有的人都会有这种才情的萌动，不是所有有这种才情萌动的人都会付诸行动。王×不仅有而且能尝试，多难得呀，我何不给他加把火，让他的才情再张扬一把。于是，我在肯定他认错态度的同时，又改变了惩罚措施，我说：“我知道你平时值日好，罚值日太老套了，对你来说小菜一碟，不行。班长犯错与别人不一样，这惩罚也应与别人不一样。这样吧，你不是会写词吗？这挺新鲜的，还引得老师们都这么关注，大家还想看第二首、第三首。现在把罚值日改为罚写词，一天一首，写两个周，怎么样？”其实我考虑到下个周要去劳动基地上课，相对而言时间比较松散，不会对他的学习造成什么影响。王×一口答应。喜滋滋地回去了。

为了鼓励、鞭策王×，我把他早自习犯的错以及对他违纪行为的处理决定告诉了全班同学。大家都很兴奋，拍手叫好。我也用“南乡子”这个词牌也不讲平仄以展现当时情景和劝诫为目的，给他和了一首诗，并把他的和我的一并传给同学们看，内容是这样的：

南乡子·和王×

老班在训某，××改为王×首。天雨欲来风翘头，地吼。雨打芭蕉风犯愁。

坐观教学楼，多少学子皆送走。中考谁能占鳌头？吴×。×当潜心静气啃书头。

注：吴×是我班学习最出色的女生。

大家更是兴奋得了不得，你争我抢相互传阅，拿王×打趣，简直开心极了。而他坐在座位上，一言不发，只是笑。后来有人提议将这两首以及以后他创造的所有词都贴黑板报上，我同意了。

第二天，交稿，是《点绛唇·一件倒霉事》，记自己挨整的情形；第三天，交稿，是《十六字令·无题》，记自己灯下苦吟词的情形。他交一篇同学们贴一篇。王××紧跟着写了《母亲》《月华》两篇文章，算是自愿陪王政挨罚的礼物，也贴到了黑板报中。这下班里热闹了，一下课大家就到黑板报前围观、点评。有同学向我提议：课本上的词牌太难写，讲些字数少、写起来简单的词牌吧。我照做了，要求他们先不用强求平仄，能把握词牌特点，反映真实生活，基本押韵就行。接下来其他人写的词也上了黑板报。《相见欢·体育考试中》记自己长跑不过关的情形；《阮郎归·语文课有感》写上语文课没背过的紧张情形；《忆江南·一堂物理课》写物理课的有趣情形。一时间，班中的热血少年们都拿起了自己的笔开始写作。

六七天过后，同学们的热度都在下降，王×也开始叫苦了，“老师，没素材了，没灵感了，写不出来了。”这是预料之中的。我带他们走到黑板报前，与他一起分析他们的词所选的内容。他们开始意识到自己的选材范围太狭窄，选的全是发生在自己身上那些小事。我反问他们：“你们生活在这个世上已有十四五年了，难道你们只在乎你们自己？”“不是。”王×说。“周恩来能为中华之崛起而读书，你们读书的目的是什么？在这个社会上，你们想做主人还是看客？”“做主人。”王×坚定地说。“好！既然是主人，社会上发生的任何事就不能说与你无关。现在用你主人的身份，去履行你主人的职责。看看身边的大事小事，看看中国的大事小事，体察人，体察社会，看看自然乃至宇宙的万物，不只是对你自己生命的认识和反思。”大家陷入了深思，似有所懂。此后，王×和同学们又写了《捣练子·玩泥巴》《西江月·作品难》《渔家傲·咏月》《减字木兰花·无题》等词，不仅写他们在这次劳动实践中的快乐、辛苦及人生感悟，而且还写出了关注自然、关注社会、关注历史的好作品。例如，在中秋节这一天，三位同学交了如下三篇文章。

生查子·大雨后观李村河之水

曾经过去时，水潋光荡漾，水底浮光影，粒粒云石光。

现在当今时，不见过去样，似黄沙混浊，望水人悲伤。

长相思·中秋夜

月儿圆，盘儿圆，月饼香甜也是圆。合家庆团圆。

情绵绵，思绵绵，爱在中秋乐至涟，甜蜜和睦年。

沁园春·又逢九一八

岁月依然，几多萧条，万般感伤。望东三省上，仍是悲凉，一九三一，九月十八。在黑土地，在柳条湖，一群罪人撒了谎。这一天，映入人心中，永世不忘。

大地一片苍茫，可落后就要被人伤！今又九一八，本觉悲伤，但逢中秋，月光明亮。月照昆仑，顿觉开旷，九州团圆又和祥。展明朝，望中国未来，必定辉煌。

且不说韵律如何，单就其选材就让人欣喜三分，可见他们的灵魂被撞醒，走出小我的圈子，开始关注社会。在中秋节，面对同一轮圆月，痛历史，喜今朝，表现中国少年的自信感、自豪感与责任感，真的很好。

这次罚诗行为告一段落，王×上交了词14篇，后来开运动会他又用词的形式写了3篇稿子，已经知道的实写17篇，其他同学上交23篇，共40篇。反思这一过程，收获是巨大的。

第一，这次写作激起了一些多梦少年对中国古典文学的爱好与兴趣，同学们所交的词，词牌丰富，从研究理解、揣摩感悟到运用，其中付诸了多少心血与汗水，别人无从知晓，我们能感受到的只有成功的喜悦与兴奋。第斯多惠说："教育的艺术不在于传授知识，而在于唤醒激励和鼓舞。"还有什么比这种内在的动力更重要的呢！

第二，这次写词，不经意间拓宽了他们的思维空间，思想意识开始觉醒，明显地有了历史责任感与使命感。他们的写作在关注自然，关注社会，关注人生方面向更深更远的方向延伸。另一方面，他们不仅写词，而且将诗词运用到自己的作文中，对学过的诗词的运用量也空前的多并且运用更自如。他们驾驭语言文字的能力大大地提高，他们的语言更生动、更凝练、更有文采。

第三，这次写作的成功让我认识到，所谓创新写作，就是个性写作。作为教师，要少一些应试的功利色彩，尊重学生的个体，关注学生的个体需要，抓住良好的写作"契机"，诱发学生的创作热情；老师要放手让学生自己命题，自己选材立意。给学生爱写什么就写什么，爱怎么写就怎么写的自由，让学生的写作个性得到充分的展示。在这一过程中，教师要少在写法上做指点，多关注学生的思想风貌、情感需求和生活本质，多给学生以积极的鼓励与引导。有了这些做法，学生肯定就会热情参与，激扬文字，张扬个性，就会创作出"新"的作品。

没想到因为偷写一首词而挨罚，却罚出了这么多美好的情愫。它唤起了同学们对古典文学美的向往。不管王×们将来会不会成为文学家，因为罚写诗词而留下的美好记忆必将给自己的生命抹上一道绚丽的色彩。

惩戒——原来可以如此美丽！

教育惩戒的智慧

青岛李沧区实验初中　李翠芝

中国的文字，蕴含着无穷的智慧。

我们来看"惩戒"二字，字典有两层含义：① 惩罚之以示警戒；② 以前失为戒。

"惩"字的篆书为""。""为""（徵，征、战胜）加"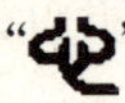"（心，想法），表示向某种心念开战。造字本义：施行处罚，以达到禁戒或改变的目的。《说文解字》：惩，㤄也。从心，徵声。

顾名思义，"惩"，是以战胜内心为目的的。

"戒"字，甲骨文""为""（戈）加"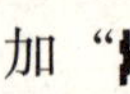"（双手），造字本义：双手持戈，警惕备战。《说文解字》：戒，警也。从廾持戈，以戒不虞。

"惩"和"戒"组合在一起，是手段和目的的统一，即利用某种处罚手段，达到警告、劝诫效果，从改变错误或不良行为。

这又让我想到了"教"字的解释。

教，古文写作""或"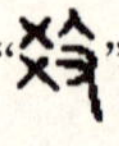"，甲骨文"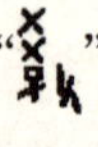"为""（爻，算筹）加"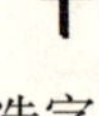"（子，孩童）再加""（攴，手持鞭子、棍杖），表示惩罚学子。造字本义：用惩罚手段训导孩子做算术。可以形象表现为：在棍棒体罚的威胁下，儿童被教对长者尽孝。《说文解字》：教，上所施、下所效也。

追根溯源，"惩戒"与"教"在造字本初，就已经明确地告诉了我们其中的内涵。凭此反观社会上对教育惩戒的种种说法，也就不辩自明了。

如今，教育惩戒几乎是到了“欲罢不能，欲行又止”的敏感时期。家长、学校，老师、学生，各怀顾虑，各有苦衷。社会上对教育惩戒也是各执己见，众说纷纭。教育惩戒的艺术，更是雨后春笋般层出不穷……

面对纷杂的教育惩戒观，实施惩戒有没有一条至简的大道呢？

从教育惩戒的结果来看，惩戒可以分为两种情况：一种是有效（有益）的，一种是无效（有害）的。有效就是通过“惩”的手段，达到了“戒”的目的，施教者和受教者皆大欢喜，皆有收益；无效则是两败俱伤，甚至酿成祸患。尤其是对学生的不良行为实施惩戒而引发的各种事件，更是让老师却步，让学生受伤，让家长无奈。

如何才能避免出现无效的惩戒结果呢？

我想起了自己经历的两个教育片段。

片段一：教师节，班级学生都以各种行动表达对老师的祝福：给上课老师敬一杯咖啡，认真完成作业，争取小测100分，给老师写一段心语……一个总是不交作业的学生，好心地替课代表给我送来了作业，还不忘送上我最想要的祝福：“老师，今天的作业全齐了！”我很开心，大大表扬了她，庆幸昨天对她苦口婆心的教育没有白费。于是，我让她找到自己的作业本，给她面批。她翻来翻去，却怎么也找不到她的作业本——在我的追问下，她坦白了：根本就没交！可想而知，我当时是多么的愤怒，把她狠狠地批了一顿！放学以后，我在教室垃圾桶后面，发现了一束发蔫的鲜花，其中还有一个卡片：“亲爱的老师，教师节快乐！我本来的礼物是：从此每天都要完成作业。可是今早发现作业本忘在家里了。您说不要为自己的失误找理由，可是我不想让您生气失望，就用自己的早饭钱，给您买了一束鲜花，代表我的歉意……”此后，那个学生再也没有交过作业，我的心里永远留下了那束残花的刺痛……

片段二：在一次班长组织的“孝道”主题班会上，针对“不愿听从长辈的劝告”进行自我反省，有几个捣蛋学生便趁势起哄、搅闹教室。当我被请来“镇压”“违纪分子”时，他们却振振有词地当众为自己辩解：“我们没有这个毛病，让我们谈什么？！”他们是班里最令人“头痛”的人物，平时就“劣迹斑斑”“屡教不改”，与父母和老师的关系很僵，是“爹不疼娘不爱”的典型。看着他们一副准备应战的架势，想到他们“缺爱缺认可”的处境，我的心顿时软了下来，便顺势肯定了他们“愿意听从长辈的劝告”这一优点，并当场以长辈身份给他们两点劝告：“学会维护课堂秩序；以实际行动落实自身优秀品质。”他们在惊愕之余欣然接受。我趁热打铁，由他们率先在晨读时间，与大家分享自己孝敬父母、尊敬师长的具体事迹，作为违纪的弥补和知行合一优良品行的引领。一段时间下来，他们在点点滴滴的孝心孝行分享中，体验到了尊严与爱的温暖，言行渐渐有了改变，也成就了一段“后进生转化”的佳话。

面对违纪甚至品行有欠缺的学生，我们会生气，会愤怒，会施以惩戒，也许是因为对他们有期望和责任，也许是因为他挑战了你的规则、违背了你的心愿……但是，当我们施行惩戒的时候，是否想过惩戒的最终目的和可能造成的后果？

反思自己的教育体验，有效的教育惩戒，大多源于受施者一念善心的转变。而教育惩戒无效的原因，大多是源于一份“自我”的私心：我想、我希望、我对你……“我”字开头，就是一份我执我念。曾经和学生做过一次探讨：什么样的语言表达更能让人易于接受？后来得到的简单有效的方法是——把“我”换成“你”，如将“我来帮助你吧”改为“您需要我帮助吗”，更让人感觉舒服；将“我希望你改掉拖拉懒散的毛病”改为“你改掉拖拉懒散的毛病我们都会很开心”，更让人易于接受。因为这表示你站在不同的角度思考问题，是在换位思考。

教育惩戒的根，应当在双方的出发点上，“惩”字托底的可是“心”啊。用心良善，换位思考，惩戒就不会引发负面影响；惩戒入心，让处罚从内心禁示，向某种心念开战，就没有不成功的惩戒教育。

曾有位家长，因为孩子违纪被老师罚站，强烈要求惩戒老师，大闹学校，班主任被停职而精神抑郁，孩子在班里班外成了“热点”，失去了与老师、同学和谐相处的心理环境。这样的惩戒，是没有智慧的惩罚，宣泄了怒气和私愤，也伤害了自己的孩子。

真正的善良，是不带“自我”的善良，是真正站在他人立场上的善良。

善良，是需要智慧的。

同事是一位优秀的班主任，他惩戒学生，学生却不反感。一次，我跟班学习，遇到他正在处理学生“打碎花盆”的事件，他心平气和地询问那位满不在乎的学生：

“伤到同学没有？伤到自己没有？”——我看到学生脸红了，面露羞愧。

“花盆怎么会碎呢？”——学生描述过程中也明确了自己的过失，说自己负责赔偿。

“花盆破碎会带来什么影响？”……

“如果花盆砸到窗台下面学习的同学头上会怎么样呢？如果花盆碎片割破手指……”

我看到学生额头沁出了汗珠……

作为惩戒，这位同学承担起公物委员职务。从此，班级公物保护和安全，前所未有的好。

事后与同事交流惩戒学生的技巧，他笑着说：“哪有什么技巧，只要惩戒能让学生心服口服，就成功了。”“做到这点也不难，那就要做到对事不对人。如果一过来就训斥：‘你怎么这么不懂事，怎么总是违反纪律，怎么就管不住自己……’这就是对人去了，就是对他人品的定性和评价，自然会引起他的反感乃至反抗。”

惩事戒心，惩戒有爱，更要有智慧。

植根于善良的智慧，教育惩戒定会绽放自身的光芒！

浅论惩戒教育在中学阶段实施的必要性

青岛第六十一中学　王博闻

惩戒教育，顾名思义，是指通过惩罚来警戒学生，预防其不再犯错的教育手段。在我国，不论古代还是现代，惩戒教育一直发挥着一定的教育作用。例如《论语》中记载的“宰予昼寝”。孔子作为著名的教育家，也在教育过程当中使用适当的惩戒教育。可见，作为教育手段之一，惩戒教育很有必要。但是曾几何时，在我国教育界，谈罚色变，惩戒教育仿佛洪水猛兽，人人避之不及。近期随着校园欺凌事件的频发，人们开始重新审视惩戒教育，许多专家学者也对惩戒教育进行了专门的研究和解读，人们开始期待惩戒教育的回归。

2017年2月4日，青岛市颁布了《青岛市中小学校管理办法》，在国内首次明确规定：“中小学校对影响教育教学秩序的学生，应当进行批评教育或者适当惩戒；情节严重的，视情节给予处分。”这对中小学教师进行惩戒教育有了比较明确的说明和要求。而中学作为学生发展的重要阶段之一，也非常需要惩戒教育。

首先，惩戒教育在中学阶段的施行，是学生身心健康发展的需要。中学时期的孩子，处在儿童向成人过渡的时期，生理上发生巨大变化，迅速成长；心理上逐渐内化，最终形成属于自己的比较稳定的世界观、人生观和价值观。在这个阶段，通过惩戒教育，教导孩子能明辨是非，树立正确的观念就变得至关重要。对于正确的事情要奖励；对于做错的事情，要及时予以纠正和惩罚，通过适当的惩戒，可以使学生对错误的事情有更深刻的印象和理解，从而避免下次再犯。这能有效地帮助学生，在意识上明确错误事情的严重性，在一定程度上避免坏习惯的恶性发展。

中学生相对于小学生而言，会承担越来越多的责任和义务，身上的社会属性也在不断增加。例如，参加更多更独立的社会实践；由监护人陪伴，逐渐独立，等等。中学生面临的也不再是小时候一帆风顺的环境，会有更多的挫折和困难，需要他们独自面对。这就要求他们有稳定的情绪，较高程度的心里抗压能力。在中学阶段开展适当的惩戒教育，可以让学生在步入社会过程当中，逐渐适应环境，帮助学生树立更强大、更完善的心理状态，使他们面对不同的处境都能沉着坦然，不至于逃避、崩溃。

其次，惩戒教育也是班级管理的必要手段之一。班主任处在管理学生的一线位置，也是最直接面对学生错误的先锋。如何管理学生，特别是对犯错学生的处理，成为班主任最头疼的问题，尤其是在对惩戒教育“谈虎色变”的时候。如果对犯错的学生单纯以劝说、谈话等方式教育，有时会收效甚微。如不及时遏制这一情况，就会直接影响班级的稳定，也会影响学生的个人发展。所以，班级管理乃至学校管理也急需惩戒教育。其实，校规校纪、班规班纪乃至小组的组规组纪都是班主任管理的重要依据和方法。而在这些当中，规定违反这些纪律规定要受到什么样的惩罚则是不可避免的。这本身也属于惩戒教育的一种。很多一线班主任都能灵活使用惩戒教育，来达到管理班级、保证稳定性的目的。以最小的四人小组的组规组纪为例，S班在整个级部属于纪律较好的班级。学生遵守规章制度，在学校的各项评比当中也名列前茅。通过观察S班发现，他们全班分成了12个组，绝大部分的小组都制定了明确的组规组训，当中也包括奖赏条例和违反组规的惩罚条例，都写在A4纸上挂在班级前面。他们的惩戒方式包括当众朗读检讨、抄课文、跑圈、家长联系、打扫卫生等，惩戒程度也根据违反规定的次数依次递增。通过了解得知，他们制定这些内容是经过所有四名组员协商并同意的，每一页的组规和惩罚规定上还有他们四个人的签字。当他们有违反情况的时候，也甘愿接受惩罚。由此可以发现，惩戒教育同赏识教育也是互为补充的两个教育手段，是管理班级不可或缺的两个方面。通过一定的惩戒教育，可以有效地帮助班主任管理班级，帮助学生养成良好的行为习惯，避免错误的行为。

再次，惩戒教育的发展是教育体系发展完善不可或缺的一部分。美国作为教育发展强国，崇尚自由民主，也对惩戒教育做出明确且具体的规定。英国教育也经历过禁止体罚到不断完善惩戒教育的阶段。我们的邻国韩国和新加坡，也都对惩戒学生有具体明确的规定。例如新加坡对惩罚的工具、内容、施行者等有非常具体明确的规定。由此可见，惩戒教育是教育发展不可或缺的一部分，我们反对体罚但也不能因噎废食，而应建立完善详细的惩戒法律和相关制度，促进我国教育的进一步发展。

时代在不断地发展，教育也在不断进步，惩戒教育也要不断改进完善，来跟上发展的步伐。尽管现在惩戒教育还有诸多争议，但是，相信通过不断的实践和补充完善，我国的惩戒教育也会逐渐走向成熟。

宽容与惩戒是教育天平上的两颗砝码

青岛第六十一中学　王　宁

宽容是什么，宽容是一种胸怀，一种睿智，一种乐观地面对人生的勇气。它能驱散生活中的痛苦和眼泪，减少人生的沉重感；它能传播心灵的愉悦和微笑，让人生充满快乐和欢笑。在教育教学中，宽容是一种信任和激励，能化作一种力量，激励学生自省、自律、自强。而教育惩戒是一种特殊的教育方式，是指对受教育者某种思想行为给予否定性的评价，使其受到警示，其目的是为了学生的进步。在惩戒活动中手段与目的并存，教师往往通过给学生身心施加某种影响而带来教育效果，使其感受到对错、荣辱、愉悦、痛苦等，以促使其悔改，从而达到矫正的目的，其过程也需要尊重与信任，要顾忌对方的承受能力与尊严。

宽容与惩戒是矛盾的统一体，在一定的背景下，宽容是另一种意义上的惩戒。原则问题不让步，是非面前不糊涂，评判一个学生看事情的主流，心存善意要看事情的发展。那么，作为老师在管理班级、处理问题时是宽容还是警示、惩戒呢？我的理解是应该因人而异，因事而别。

宽容是一种仁慈与关爱。身为老师，如果认定一个学生已不可救药，那么这个学生就会一步步走向更糟糕的地步，因为同学看不起、老师看不上的学生是容易自暴自弃、“破罐子破摔”的；如果认为一个学生是块璞玉，尽管他身上有些小错误，缺的只是雕琢而已，那么老师的宽容会使他自律、自束、自策，他会真的成为一块璧玉。这在教育实践中不乏实例：

几年前，还是我担任初一班主任的时候，一天班长收饭费，由于班上的李某某带的钱不够，我就替他交上了40元钱。第二天中午，我正和学生王某在办公室谈话，李某某进来还钱，我接过后随手放在电脑旁边的一个小盒子里。结果下午上课前我发现钱不在了。经过分析，我怀疑是王某，因为只有他看见我放这钱的位置，而且我和他谈话时，因中途有家长打电话曾离开过，而当时只有他一人在办公室。但我又不能就此断定是王某，他是一个那么天真烂漫的孩子。而此种现象和一般的违反课堂纪律或打架、骂人现象又有区别，处理不好会伤害这个孩子的自尊心，影响其以后的发展，甚至会毁了这个孩子的一生，我必须谨慎处理此事。想到这儿，我渐渐地冷静了下来，装作若无其事的样子，像往常一样来到教室。我环视了一遍，其他同学都在认真复习，只有王某用不安的眼神在留意着我。我没说话，只是让学生继续写作业。期间，我留心观察王某的表现，发现他心事重重、惴惴不安，眼神逡巡不已，根本不能安心学习。难道真的是他干的？如果是，怎么处理才最好呢？我思考着，放学铃声终于响了。我突然灵机一动，趁学生收拾书包时，叫来了王某，微笑着对他说："老师麻烦你一件事。请你到办公室帮老师把包拿来，还有，上午李某某还来的40元钱，我放在电脑旁边的小盒子里，你一起拿来。"他答应了一声，拿着钥匙就跑走了。不一会儿，他气喘吁吁地跑回来，把包和钱递到我手里，并且大声地说："老师，拿来了。"我对他赞许地点了点头，用仁慈的目光注视着他，仿佛在说："老师相信你是个好孩子。"

拿钱的事，也许只是这个孩子的一念之差，事后我从未对王某提及此事，但是，在任教的三年中我一直关注着他，牵挂着他。我发现王某对自己的要求严格了，遵守纪律，刻苦学习，对我这个班主任也更加尊重了。初中毕业后，他考上了青岛市一所重点高中，成长得很好。直到现在，每逢节日，我都能收到来自他的问候。这让我很高兴，当初的宽容、信任在王某的身上已经起到了春风化雨的作用。试想，假如当初我直接找到他，揭穿他的行为，或者当众劈头盖脸地训他一顿，其效果肯定相反，他会对我这个班主任敬而远之的，甚至会因在班级中抬不起头而产生过激的想法或行为，从此破罐子破摔。这是我们作为教育工作者最不愿意看到的结果。

这件事让我深深地感到：宽容是一缕阳光，她可以照亮学生的心，让其迷途知返；宽容是一丝春雨，她可以滋润学生的心田，让爱的种子在其心中萌芽。在特殊情况下，宽容学生的某种错误行为是一种行之有效的教育方式。

而惩戒教育也是一种带有手段和目的的教育方式，“惩”是手段，“戒”是目的。对于接受教育的未成年学生来说，在他的成长过程中犯错是必然的；作为教师，应该对其错误行为进行指责并有效控制，帮助其悔改，从而达到“戒”的目的。对某些学生某个特定的阶段，善意的惩戒是有效的，不仅仅是对个体，对集体也是。

这是十几年前的一件往事。课前2分钟铃响了。数学苏老师拿着教案夹高高兴兴地向教室走去，刚到一楼教室门外的楼梯口，就听到教室里不知谁大喊了一声：“老企鹅来了！”苏老师意识到这被冠以“老企鹅”者，肯定是指自己（因为这位老教师又矮又胖），几乎随着这一喊声，她走进了教室，教室里鸦雀无声。苏老师很生气，也很委屈，在尴尬的气氛中上完了这堂课。课后，苏老师向我诉说了这一情况。

作为班主任，面对学生给老师起外号、对老师不尊重的现象，我并没有马上到教室当着全班同学的面大发雷霆，而是冷静下来与苏老师一起分析了出现这种情况的原因。

第一，作为班主任，我有不可推卸的责任。因为面临中考，只顾着抓学生的学习成绩，疏于思想品德教育，对学生的不良行为没有及时发现、制止，是我做班主任的失职。

第二，学生敢在班级中大声叫出老师的外号，这说明班中同学早已人人皆知，而且不以为然。这从另一个侧面反映出学生思想浮躁，缺少正义感，班级风气不正。

第三，班级干部不负责任，对于班级中早已出现的歪风邪气没有跟老师反馈，而是听之任之；对于当天发生的错误行为也没有及时反馈，更没有当面予以制止或批评，违反了班级干部管理条例。

苏老师也反思了自己：学生为什么会给自己起外号？是不是自己的某些缺点和错误，引起了学生强烈的不满？

学生对老师不尊重、给老师起外号的原因是多方面的，既有学生方面的问题，更有老师方面的问题。学生方面的问题，例如，中学生正处在身心不太成熟、逆反心理较重的年龄段，个别学生有家教不当（重智轻德、溺爱过度、放任自流等），受社会和某些影视片影响等问题。老师的问题，如老师忽略了情感教育，时刻不忘“师道尊严”，高高在上，时不时板着脸训学生等现象，这都是阻碍建立民主、平等、和谐的新型师生关系的重要因素，极容易使师生之间产生隔阂，使学生对老师产生抵触情绪。因为我们知道，尽管我们教师在工作生活中严于律己，时时刻刻注意身先垂范，但我们也明白，教师是人不是神，无论教育事业客观上对教师提出的要求多么严格，每一个做教师职业的人，总还是免不了会有这样、那样的缺点，会犯这样那样的错误，常言道：“学高为师，德高为范”，作为人民教师，不仅要有广博的学识，而且要有高尚的人格魅力，这样才能有利于学生综合素养的培养和提高。能够认识到自己的错误，敢于承认错误、改正错误，这也是教师人格魅力很重要的一个方面。

认识到了出现问题的原因后，我像往常一样走进了教室，心平气和地给学生分析了存在问题的三个原因，并果断地做出了处理决定：惩戒。

第一，班长与叫老师外号的学生一起到办公室向苏老师道歉。

第二，犯错学生罚跑操三圈，班主任、班干部陪同，其他同学到操场列队立正站好，观看、反思。

下午第四节课后，全体同学都来到了操场上，体育班长整好了队伍。当跑完第一圈后，我已气喘吁吁，脚步已有些放缓，但我没有停下，还是咬牙坚持。当我们再次跑到队伍前面时，列队反思的同学也主动加入了罚跑的队伍，这让我为之一振，不知不觉中又加快了脚步。我们师生围着操场一圈一圈地跑着，早已超出了预先说好的三圈儿。我们听到的是体育班长响亮的口号声及全体师生整齐的脚步声。同学们的表现，让我又一次看到了一个充满凝聚力的班级，一个积极乐观、团结上进的班级，一个在错误面前敢于承担、勇于改过的班级。我暗喜，这次的惩戒教育起到了良好的作用，比预期的还要好。

后来听苏老师讲，第二天上课，当她走进教室时，同学们在班长的引导下全体起立，齐声高喊："苏老师，我们错了，请您原谅，您辛苦了！"这一声"错了""请原谅""辛苦了"是学生的肺腑之言，是自觉自律、自我悔过的表现。

我们都清楚，如果一个学生犯了错误而没有受到惩戒，对别人就是一种伤害；如果学生犯了过错而没有受到相应的教育或者惩戒，那就是一种放纵。学生正处于世界观形成时期，可塑性较强，教师正面的教育引导和相应的惩戒，有助于增强教育效果。这次惩戒，我作为班主任是站在了一个公平公正的立场上，客观地分析了班主任、班干部、学生所存在的问题，三者都受到了不同程度的惩戒，没有损害学生的身心健康，所有的学生都能欣然接受并自觉改正错误，所以收到了润物细无声的效果。假如我当时真的一气之下就调查是哪位同学喊的，当众批评他，或让他写检查，通报家长，让他在同学面前难堪，我想，这不仅不能换回老师的面子、赢得学生对老师的尊重，还会伤了学生的自尊心，又会使师生之间产生更大的隔阂，不利于对学生健全人格的培养。我想，我们每一位老师如果都能放下架子，以宽阔的胸怀、公正的心态平等地对待学生，以良好的师德展示自己、感染学生，那么，我们的班级就会处处充满阳光，我们的学生就会在阳光的淋浴下，茁壮成长。

综上所述，我认为在教育教学过程中，对学生不管是宽容还是惩戒，只要方法得当，二者就都是教育天平上的两颗砝码，而天平的杠杆儿是我们教师的爱。

甘做学生心灵成长的摆渡人

——赏识教育

青岛第五十八中学　陈　瞻

“对岸繁华又三千，窃问谁是摆渡人。”此岸的繁华意犹未尽时，彼岸的繁华又三千，这恰恰是当下高中和大学生活的真实写照。但是悄悄问问谁是“摆渡人”，让学生跨过“这条弯弯的河”，又是谁为学生保驾护航，再将学生“扶上马，送一程”呢？答曰：“摆渡人——班主任！”

记得刚接手高三12班的时候，有几位家长几乎说出了相同的问题：“老师，我们家的孩子什么都好，就是缺少自信，有时候就怀疑自己学习能力有问题，经常否定自己。我们家长做了很多工作，谈心啊，励志啊，找心理老师评估啊……总是不见成效，老师，孩子就拜托给您了，请您多费心！”很多班主任和任课教师都会遇到诸如此类的情景，虽采取的措施可能各不相同，但是都会做好心理的疏通和构建，成为学生心灵成长的摆渡人。

到高三现阶段，学生的个性特质基本定型，帮助学生走出困境、树立自信、享受关爱的问题摆在了突出位置。为达到事半功倍的效果，采取学生易于接受的方式，需要学生从感情上认同，需要教师和学生心灵上的理解和沟通。正如朱小蔓在《关注心灵成长的教育》中写的：“由于价值观教育和道德人格教育的特殊性，它特别地需要诉诸情感。”

诉诸情感，应找到学生的心灵的接触点，发现、挖掘，使之闪光。为此，我们班级实施了一项活动——“璀璨寰宇、天佑英华”，把个体教育孕育于集体教育中，寻找自己在人文社会和自然界中的象征物。内容如下：

亲，五千年中华文明源远流长，光耀于世，浩瀚的文化古籍和巧夺天工的文物珍品构成了中国历史长河中一段段华彩乐章。每个人都是父母的唯一，都是寰宇的稀世珍宝，你就是你！相信自己的沉鱼落雁闭月羞花之貌，相信自己指点江山激扬文字之才华，为自己的独一份而喝彩，为自己唯美的生活而喝彩。寻找一个象征物，陪伴自己一路走下去。你必将：陈述华章，瞻望未来，天佑英华，璀璨寰宇。

学生积极参与，不断删选适合自己的物品，以期寻找到最符合自己潜质的象征物。我特意挑选了文章开头所说的几位家长的孩子所选的象征物。

在活动中，其中一位学生找到了象征物——海蓝宝石。特征：海蓝宝石，又称人鱼石、福海石，象征着沉着、勇敢、平安、娴静、甜美，还有佩戴海蓝宝石能够使人具有先见之明。寓意：海蓝宝石可以给人力量，使人勇敢，可以压邪。学生相信自己就是海蓝宝石，保佑自己平安度过高三。

有的学生找到了象征物——板蓝根。特征：板蓝根是一种中药材，可以败火解毒，预防疾病。板蓝根对气候和土壤条件适应性很强，耐严寒，喜温暖，但怕水渍。功效：万能之药。居家旅行必备良药；清热解毒，有凉血消肿、利咽之功效。寓意：自己就像板蓝根，一切条件下都能茁壮成长，适合高三一切恶劣情况，轻松面对学习中的困难。

有的学生找到了象征物——不锈钢。特点：不锈钢、可软可硬、抗腐蚀、耐折腾。寓意：自己就像不锈钢，不仅用途广泛，而且衍生产品众多，就像不老常青树，年年岁岁钢相似；也预示着自己高三这一年来，不怕曲折，不畏艰难，随时展现可软可硬、抗腐蚀、耐折腾品性；为自己打气鼓劲，呐喊助威。

还有许多学生根据自身条件，选择了符合自己特点的象征物，伴自己一路前行。

荀子说:“君子生非异也，善假于物也。”学生的教育是不能离开家长的，教育不只是老师的义务和责任，与家长一起教育，学生人格方能健全。有的家长这样鼓励孩子:“高考，是一次磨砺，更是一次机遇，是期盼了三年的机会！是证明自己、塑造未来的机会！经历过高考的人生会更加丰满。”“真正的强者并非是没有眼泪的人，而是含着眼泪奔跑的人。”“有了老师的鼓励，同学的陪伴，家长的支持，走在这条叫作‘成长’的路上的你们，只要决心成功，过程中的失败就不会将你们击垮!”还有的家长说:“距离2015年高考仅剩144天！不管多远的路，都能走到尽头；背负明天的希望，在每一个痛并快乐的日子里，才能走得更加坚强；怀揣未来的梦想，在每一个平凡而不平淡的日子里，才会笑得更加灿烂。只要不放弃，就没有什么能让自己退缩；只要够坚强，就没有什么能把自己打垮!”

在高三的这一年，学生借助于象征物，适时鼓励自己，提醒自己。用象征物的美好寓意预示着自己的身心发展。用学生自己的话说:“老师，我感觉板蓝根像极了我，我的微信签名就是‘我是一颗养在深山老林里的千年板蓝根’。”还有的学生说:“这一年幸亏有我的象征物，它就是我的寄托，有它就有了世界。”班主任善于利用一切可利用的资源，为学生的心灵成长助一臂之力。家长对教师的肯定和认可，更加说明了班主任的作用无可替代。

运用切合学生成长的实践活动，也许更能促进学生的心灵的成长。正如美国内尔·诺丁斯教授在《学会关心——教育的另一种模式》中所说:“现在学生们最大的抱怨就是:没有人关心我们!”世界在他们眼里充满困难和敌意，没人关心他们，没人在意他们的内心感受，所以他们没有安全感，不自信。毫无疑问这是错误的心态和想法。

事实上学校人文关怀、教师理念、学生性情和家庭环境都在影响着学生心灵的成长。如学校倡导学生形成“阳光、自信、儒雅、大气”的个性特质，培养学生自信、自立、自强、自主，这是学校的人文环境和氛围。学生应自主学习、主动接受优秀文化氛围的熏陶。

《教育的目的》一书中指出："教育的成就取决于对诸多可变因素的精妙的调整，因为我们是在与人的思想打交道，而不是与没有生命的物质打交道。"依据校园的人文建设，针对学生的性情和家庭的环境，首先帮助学生树立自信，为学生终身发展建立基础，这才是教育的目的。

《周国平论教育》中提到的教育七条箴言之一即"忘记了课堂上所学的一切，剩下的才是教育"。关注学生心灵的成长，做学生心灵成长的"摆渡人"，才能让班主任教育发挥更深远的作用。

论惩戒教育

青岛城阳第三高级中学　郝召玲

近年来媒体报道了一些校园暴力事件，针对这些暴力事件，很多人指出，这与中小学校对学生没有惩戒教育有关。如今，由于不准对学生进行体罚和变相体罚，很多老师在教育学生时慎之又慎，唯恐被扣上“体罚”或“变相体罚”的帽子，这导致有些学生的不良行为习惯无法得到及时纠正。面对教育的现状，我们是不是应该深思一下，在教育学生时不能一味地表扬孩子，不能只进行赏识教育。当孩子犯了错误时，是不是应该指出他们的缺点，并进行适当的惩戒教育呢？

众所周知，现在的孩子大部分都是独生子女，在家受到家长的百倍疼爱，有的甚至被宠得无法无天，不为过地说可以算家中的“小皇帝”。在家就是批评几句他们都会闹情绪，更别提进行相应的惩戒了。现实中的许多案例不得不令人思考：倘若他们遇到更大的困难会怎样呢？造成这样结果的原因是什么呢？其原因和父母的溺爱是否有联系呢？是否和我们现在大力提倡的赏识教育有关呢？答案是显而易见的。

我说一件很简单的事情：上学迟到问题。记得我以前带过的一个班中，一位同学总是迟到。对一个高中生来说，这么点小事情都做不好，是不是有点不可思议呢。导致他次次迟到的原因是什么呢？其实就是从上小学开始养成的懒散恶习。为什么这种行为没有被消灭在萌芽中呢？原因就是现在我们的教育方式是以赏识教育为主，批评教育次之又次，即便惩罚也只是象征性的，导致这么简单的事情到高中还没解决。

许多教育理论工作者和一线教师对惩罚的教育意义有清醒而明确的认

识。在我国古代尤其是禅宗的教育思想中，“当头棒喝”对人的警醒教育作用曾经得到过特别的强调。所以没有惩戒的教育，是不完善的教育。赏罚分明向来是治军良策，对于学校的教育管理也是一样，只不过学校的惩罚要适合学生的身心特点。如果说赏识教育是肯定优点、鼓励进步，那么惩罚教育就是否定缺点、改正错误。

2017年立春过后，青岛市政府发布了地方性规章《青岛市中小学校管理办法》，《办法》的出台在全国具有示范意义。其中特别提到：“中小学校对影响教育教学秩序的学生，应当进行批评教育或者适当惩戒。”这是青岛率全国之先，在地方教育法规中首次提出“惩戒”的教育概念，从而引发了全国热议。

为什么这么个小小的举动会引发全国热议？原因在于有些家长担心惩戒一旦被列入法规，自己孩子会面临危机。

家长之所以产生疑惑甚至害怕，原因在于个别教师只要学生有过错，不是耐心教导、苦心劝导，而是急功近利，动辄训斥甚至打骂孩子。我觉得家长的担心大可不必，绝大多数教师肯定不会如此。平心而论，大多数老师都是或将是孩子的家长，作为一名教师，起码的职业道德大家还是有的，再说惩戒教育也不一定就是棍棒相加。

惩戒作为一种特殊的教育手段，不能多用，不能滥用，但也不能不用。对于教育工作者来说，不同的问题应该有不同的处理方法，就是相同的问题在不同的学生身上出现，也应该有不同的处理方法。

记得以前我班有两名同学比较要好，什么事情两个人一起干，犯错误也是如此。但他俩的成长环境截然不同，所以出现问题就应该有不同的解决方式。记得有一次，两个人上课期间偷偷跑出去上网，问题比较严重，一是违反学校的规章制度，二是在网吧上网对他们的人身安全也是一种威胁，三还影响学习。考虑到问题的严重性，我想把他们的家长找来谈话。但是其中一个同学由于从小被家长溺爱，根本不把家长的话放在心上。考虑到这种情况，叫家长也起不到太大作用，甚至会适得其反，所以就没找他家长。我几次三番苦口婆心地劝导，还是根本不起作用。原因是从小学到高中，他只要一犯错就被老师叫到办公室批评，这种教育方式对他来说已经没什么作用了。我考虑到他比较爱上体育课，所以警告他再不改以后就不能再上体育课了，甚至要给他个记过处分。在我的“威逼利诱”之下，他的行为才稍稍有所收敛。试想如果我们的教育法规里有明文规定可以惩戒，这孩子还会如此肆无忌惮吗？也不至于到了高中还敢偷偷跑出去上网。而另一名同学由于惧怕家长，我直接交由家长处理，也收到了不错的效果。所以，遇到不同的问题应该采取不同的惩戒方法。

作为教育工作者，惩戒应该讲求艺术。在惩戒前应该了解实际情况，一定要让学生知道为什么错，错在什么地方。绝不能冤枉一个学生，也不要放过任何一个让学生改正错误的机会，做到与学生真诚交流，使惩戒发挥到最大作用。高中生正值青春期叛逆的年龄，如教师没有做到明察秋毫而冤枉了他，这会使他在以后的学习中存在抵触心理，从而使惩戒起到适得其反的作用。

惩戒后教师要做到对惩戒效果加以巩固。惩戒本身不是目的，惩戒的目的是让学生认识到自己的错误并且改正。惩戒过后学生心理肯定有不良情绪，作为老师应该找个合适的机会找他聊聊，让他彻底放下心理负担，深刻认识到自己的错误，让他感到老师给他的温暖和关爱，激发他改正错误的决心，并防止以后再犯类似的错误。

对于初中惩戒教育的浅显认识和思考

青岛第六十一中学　孙瑞霞

初中阶段是中学教育的重要阶段，这一阶段的学生正值青春期，往往有不同程度的逆反心理，因此，这一时期的教育对老师教育方式与艺术往往有更高的要求。以往我们过多地强调快乐教育、赏识教育、激励教育，对犯了错的学生也“不愿管”“不想管”甚至“不敢管”，谈“惩”色变，许多领导指责我们的教育不能有惩戒，还动不动就把老师们正常的批评教育说成“体罚”。其实，惩戒教育同样是学生成长教育过程中必不可少的一环，而教育惩戒从另一个角度来说同样是一种高难度的教育艺术。掌握了这门艺术的教师，不仅能够达成教育目标，同时可以让学生在今后的成长中得到更好的发展。下面我就谈谈在教学实践中对于初中教育阶段惩戒教育的一些浅显认识和思考。

首先，惩戒教育是初中教育阶段不可缺少的教育手段。

教育大师曾说，没有惩戒的教育是不完整的教育。我们说，教育惩戒是不可或缺的。在教育过程中教育工作者应以表扬鼓励与为主，进行正面引导，这符合学生的成长规律。但是我们还应当看到，与此相对的批评与惩戒，对于每一个学生的成长有着不可替代的重要性。在教育的过程中尊重学生这无可厚非，但这并不意味着不批评指正学生的错误和违纪行为。人们现在常常误解“赏识教育”，无论学生表现如何只一味地赞许与肯定。在这种情况下，习惯了接受赞扬的学生，再也接受不了批评，更不要说承受挫折和担当。这样的学生像是温室里的花朵，经不起狂风暴雨的考验，不仅心理承受能力大大下降，还容易滋生以自我为中心的利己主义和狂傲自大的心态，这都十分不利于学生的健康成长。

“人非圣贤，孰能无过”，学生在成长的道路上难免会有失误会犯错，可能会有迟到旷课、打架斗殴、沉迷网络等不良行为及习惯，在这个时候最需要的就是教师的适时引导和帮助，从教育学的角度来看这也利于教育自身的发展，符合教育活动发展的需要，无论是训诫、惩罚抑或是警戒批评都是指引学生面对错误敢于承担、勇于改正的有效方法。令学生在学习文化课知识的同时，也可以树立正确的世界观、人生观、价值观，在风雨中成长为更加坚强勇敢的自己。

学生总有一天要从校园步入社会，缺少勇于承担、接受批评的勇气，如何能在社会中具有自强自立自律的意识和树立良好的做人准则，如何更好地融入纷繁复杂的社会，成长为能够独当一面的社会人。这些都是我们应该思考和不可避免所要考虑的问题。这时候，再回过头来看，缺少了必要的适当的教育惩戒，又何尝不是一种教育的不完整。

其次，惩戒教育要讲究艺术性。

惩戒教育并非单纯的惩罚教育，惩戒教育的艺术性同样也考验着每一位教师。在教育教学实践中，我们应意识到惩戒教育是教育的手段之一，“惩”而有“戒”才是教育之道。任何教育手段的出发点都是为了规范学生的言行，实施时要以尊重学生的人格尊严和保护学生的身心健康为前提，不可损害学生的合法权益。老师应以耐心、细心的态度和学生多交流，有时一个动作能融化一颗心，如拍拍他的肩或者一个充满关爱的眼神都会起作用；同时依学生性格选择适宜的方式，坚持因材施教，采取选择性的惩罚，有的放矢，事倍功半。只有基于尊重的惩戒，才能得到认可，达到改正目的。如我教过的某同学，学习基础比较薄弱，上课听讲经常走神，鉴于这种情况，我课下多次找他谈心，给予适当的知识点拨和精神的激励，虽有效果但不够显著，于是，我在课堂上特别注意他的听讲情况。一次，在我讲课的过程中，他又开小差，我突然用教鞭敲了下他的桌子，他先是一愣，抬头与我目光相遇的一刹那，脸“唰”的红了，我想教鞭没有敲到他的身上，给他留有了一定的尊严，但是已经触动了他的心灵，起到了惩戒的教育作用。课下在与他交流时他告诉我，课堂上的那一教鞭使他警醒，更使他羞愧，觉得愧对老师课下对他的耐心教导与付出。我也借机告诉他，老师觉得你是块好料，如果上课听讲能再改进一些，学习成绩一定会有更大的提高，一定会考上理想的高中。果不其然，从那以后他的学习态度和习惯有了极大的改进，不但考上了理想的高中，还考上了大学本科，成为家长和老师的骄傲。

我们在允许教育惩戒存在的情况下，更不能忽视教育惩戒的艺术与技巧。要令惩戒教育真正可以成为教育工作者想用又敢用的武器，成为一种体面的教育方法，让更多的教师能够游刃有余、理直气壮地实施惩戒教育，开展工作。

再次，惩戒教育要遵循几点原则。

作为教育工作者，在深刻理解惩戒教育的内涵和外延基础上，合理利用惩戒教育实施教育功能时，要遵循以下几点原则。

第一，对事不对人，就事论事。

惩罚学生刚刚犯的错误行为时，应在深入了解犯错的原因与事实情况之后，就这件事情告诉他错在什么地方，为什么要对他进行一定的惩戒，今后应该怎样去改正等。不要将他过去所犯的错误统统搬出来，数落个没完没了，应做到对事不对人，适度地选择使用惩戒，达到“小惩大戒”的目的。不能对学生进行言语讽刺或贬低，以免学生产生消极抵触情绪，对未来失去信心，影响将来发展。

第二，以趣施惩，学与乐结合。

所谓以趣施惩就是以学生的兴趣爱好为内容进行惩戒。以趣施惩，可以让学生在惩戒中享受乐趣，具体做法要依不同情形而定。可以专找某同学不擅长的项目进行，说是施惩，实际也锻炼了弱项，让孩子多一份尝试，多一份体验。如我在课堂上老师提问问题时，把学生分组，每个问题给出分数，如果学生没回答上来，可以让他同组同学规定时间内救援，同时告诉他下节课还提问他同样的问题，每节课每组都有成绩，分数最少一组要出节目，既能让学生有面子，同时活跃一下课堂气氛，也保证学生为了本组荣誉，课下肯定认真准备。

第三，互尊共商，公平公正。

惩戒实施的范围与规则必须得到双方共同的认可和遵守。品德教育不同于训练，惩戒应是在执行者与接受者共同认可的情况下发生的，只有这样，双方共商的原则和目标才会得到学生进一步的认可和尊重，才不会使学生产生抵触情绪。公正公平是对每一个学生施惩的前提，在实施惩戒的过程中，教师不能因为受教育者不同而使惩戒的执行尺度不一，不能因心情与喜好随意更改惩戒标准，一定要一视同仁。这样，才能达到惩戒教育的良好效果。如我在管理班级的卫生工作中，规定不论是谁，只要随意往地上扔纸屑，就罚卫生值日一星期。这个班规一出，学生互相监督，效果非常好，我班多次被评为卫生标兵班级。

第四，恩威并重，宽严相济。

对学生的管理，不能过分严厉，也不能太体贴。对于生活问题，自然要多照顾，但学习纪律该严则严，是非明确，这样老师才能有自己的威信，让学生既敬又爱，形成师生关系良性循环。即使学生受到处罚，过后也不能冷淡他，更应找机会接近他、关心他，找合适机会提问他或者给他相应的任务，这对他来讲不仅能感到安慰，而且还能感受到老师的信任和理解，会增强上进的积极性和信心，对其今后成长大有裨益。

第五，有的放矢，目的明确。

惩戒是惩罚警戒之意，教师对学生施以惩戒的目的是让学生在成长的过程中对自己所犯的过错能负起责任，对自己所犯错误的后果能够充分认识并及时改正。要注意惩戒不是针对学生个人，而是针对他的过失行为，是通过惩罚，警戒学生的心灵；是为了削剪细枝末节，保证“主干”的茁壮成长；是为了“惩前毖后”，让学生牢记教训，改正错误。

另外，还要注意，惩戒的目的是让学生心悦诚服地“不要”再犯类似的错误，而体罚的目的是让学生“不敢”再犯类似的错误。适度惩戒，并不是说可以体罚。因为两者是截然不同的教育方式，惩戒是一种教育方式，是强制性纠正学生的问题言行采取的行为，采取的教育措施的前提是学生的身心能够承受，能起到教育和警示学生作用。应坚决杜绝不尊重学生人格尊严或者危害学生身心健康的体罚或变相体罚。

以上，是我在教育实践中对惩戒教育的一点浅显的认识和思考。我想，如果把教育比作大鹏，那么赏识激励教育和惩戒教育就如同大鹏的两个翅膀，缺一不可，只有双翼起飞，才能翱翔万里，中国的教育才能培养出更多更优秀的人才，去开创祖国更加美好的明天。

浅析学生逆反心理的成因与调适

青岛西海岸新区第五高级中学　王光宗

近几年来，中小学生与老师发生矛盾冲突等事件屡见报端，让读者触目惊心，让家长、教师大感寒心。为什么会出现上述不可理喻的行为呢？我们认为，主要是这些学生的逆反心理没有得到及时合理的调适造成的。那么，作为教育工作者，我们应如何对待青少年学生的逆反心理问题呢？

一、要正确认识青少年学生的逆反心理

心理学认为，逆反心理是客观环境与主体需要不相符合时产生的一种心理活动，具有强烈的抵触情绪。人存在于社会中，有各种各样的需要，但社会不可能全部满足，因此就必然会产生逆反心理。作为青少年学生，有逆反心理是一种正常现象。

青少年学生正处于身心发育成长的不稳定时期，大脑发育成熟并趋于健全，脑机能越来越发达，思维的判断、分析作用越来越明显，思维范围越来越广泛和丰富。到了青少年时期，学生的思维方式、思维视角已由童年期简单和单一化的正向思维，向着逆向思维、多向思维和发散思维等方面发展。由于社会文化传播媒体和途径的多样性和广泛性，青少年的视野得到了开阔，尤其是在教育过程中，青少年学生渐渐学会并掌握了逆向思维等方法。正是青少年思维的发展和逆向思维的形成、掌握，为逆反心理的产生提供了心理基础和可能。因此，逆反心理在青少年时期呈不断上升状态。

青少年学生的逆反心理存在两面性：消极性和积极性。如果逆反心理得不到及时合理的调适，就会呈现消极作用，使家庭教育、学校教育不能

顺利进行，进而转化为矛盾，严重者会造成事故，甚至酿成悲剧。同时，青少年学生的逆反心理往往具有求异思辨的特点，是孩子智慧的火花，创造的源泉。如果能及时地加以正确的利用和引导，不仅能收到良好的教育效果，而且能促进我们改进教育工作的方式方法。

二、要准确把握造成青少年学生逆反心理的主要原因

造成青少年学生逆反心理的原因是多方面的，既有外部的客观因素，也有青少年学生主体内部的心理因素。青少年学生主体内部的心理因素对逆反心理产生起决定作用。

（一）造成青少年学生逆反心理的客观因素

1. 学校教育工作的失误

学校教育工作的失误主要有下列几种情况：① 教师提出的要求过高、过急，使青少年学生难于接受。② 教师不尊重学生，提出要求时，采取了强制性方式，引起了学生的反感。③ 教师在处理问题时，不从实际出发，只凭主观臆断就做处理，对不同学生采取不公平的态度，甚至不问青红皂白，采取过激措施，挫伤了学生的自尊心，导致了学生逆反心理的产生。④ 教师教学方法不合理，不能因材施教，导致基础差的学生降低或丧失了学习信心，产生了消极情绪。由于引导不及时，久而久之，学生产生了敌对情绪。⑤ 教师自身言行不一使学生反感，从而对一些正面宣传教育产生逆反心理。

2. 家庭和社会的一些不良因素的影响

在家庭教育方面，家庭不和睦会给青少年造成心理创伤和失落感；家长对子女关心少，没有给予应有的关怀和鼓励，容易使青少年学生形成孤僻的性格、自卑的逆反心理；家长对子女要求过高，教育方式方法简单粗暴，使子女产生了过大的心理压力，也容易造成逆反心理。

在社会环境方面，不正确的社会舆论、不良的社会风气和社会心态，都会影响青少年学生，腐蚀他们的心灵，导致青少年学生极端的逆反心态的产生。

（二）造成青少年学生逆反心理的主观因素

1. *青少年学生心理发展的客观变化*

青少年时期，学生的自我意识有了很大的发展，成人感和社会独立性增强，他们从心理上要求改变童年期一切依赖成人的状况，要求像成人一样，参加家庭、学校和社会的生活。然而不少教师和家长往往只看到他们幼稚的一面，对他们新发展起来的成人感和强烈的独立意识看不到或估计不足，仍然拿他们当孩子看，一味地要求他们听话和服从，正是这种心理的差距造成了青少年学生逆反心理的产生。

2. *青少年学生主体内部的综合心理因素*

其主要指青少年学生的独立意识过强，过分强调自我，受好奇心的驱使，偏激片面地看问题等。青少年学生在受教育过程中，随着知识经验的增加、认知方式的发展，独立意识不断增强，他们开始对社会生活中出现的和书本上遇到的各种问题独立地用自己的知识观点来衡量是非，用自己的智慧来判断曲直，对老师家长的教导，常常喜欢用批判的眼光来审视一番；他们具有较强的好奇心、求知欲和探索精神，对于越是得不到的东西越想得到，越是不能接触的东西越想接触，特别是那些封闭禁锢的事物，向往之情更为迫切，以至于产生你越不让我知道、我越想知道的逆反心理。

3. *青少年学生认知水平的偏差*

青少年学生由于知识经验的不足，往往不能用辨证的眼光看问题，认识上容易产生片面性，喜欢钻牛角尖。他们屡遭挫折、失败后可能一蹶不振、自暴自弃，意志薄弱；对老师、同学的帮助置之不理，甚至把教育者的劝说、告诫看成“管、卡、压”，看成吹毛求疵，是嘲弄自己，是对自己自尊心的伤害，因而把自己放在教育者的对立面，继而产生逆反心理。

三、要及时洞察和合理做好青少年学生逆反心理的调适

作为教育者的教师和家长，必须高度重视青少年学生的逆反心理，做

到及时洞察他们的心理动向并消除他们的逆反心理，引导他们健康成长。

1. 要了解顺应青少年学生生理、心理成长的规律

有了爱心的同时更应具有童心，对于青少年学生的好奇心，教育者应适当给他们提供探索实践的机会，不要以过来人的身份告诫他们而阻止其好奇心的产生，青少年学生在实践中虽然走了弯路，但其成长经验远比家长的说教强上百倍。随着青少年学生的成长，家长不要老是采用抚育婴幼儿的那种包办、监护的方式，留给他们一定的独立空间，给他们一定的自主权利。

2. 要与青少年学生平等相相处

不要用命令、训斥的口气，不要用粗暴和强制的方法管教青少年学生，真诚做好青少年学生的知心朋友。特别是当他们对大人提出一些要求、见解时，教师家长不要搪塞了事，使自己在他们心目中丧失信赖度，阻塞心灵的通道。

3. 要树立正确的教育观

作为教育者，教师和家长要看到自己的学生、孩子的长处，要多体谅他们的难处，应善于理解他们，不要给他们加压，不要老是以榜样与学生、孩子做比较，如果榜样起不到作用就会伤害青少年学生的自尊，欲速则不达。让青少年学生有愉快轻松的心境，这样他们才能正常健康成长。

4. 要引导青少年学生正确对待自己的成败，防止和克服消极逆反心理

在教育过程中，要教育青少年学生正确地认识自己，不断完善自己，培养他们对自我心态进行自我调节的能力，教他们学会归因和简易的自我疏导方法。如用心理换位法理解他人的心情，减少对他人的责难和埋怨；用自我激励法来振奋精神，克服自卑，树立信心；用情境和心理转移法、归因客观投射法和自我宽容法来减轻过分的心理压力、痛苦和自责。要教育青少年学生对别人应有正确的认识，能给予公正的评价。总之，要发挥青少年学生的主体能动作用，使他们学会自我调适，努力避免消极逆反心理的产生。

爱是教育的真谛

——浅析惩戒教育

青岛大学附属中学　边建辉

近年来，个别媒体对所谓的“惩戒教育”所造成的负面影响大肆渲染，甚至混淆视听，使惩戒教育被视为十恶不赦的现象。作为一名教师，我从不吝啬我对于每一个犯错的孩子的“惩戒”，更从不吝啬给每一个知错就改的孩子一个诚挚的微笑。我坚信教育的真谛是爱，只要教师心存爱，问题都可以迎刃而解。

一、惩戒教育的内涵与浅析

（一）惩戒教育与惩戒权

惩戒教育顾名思义是要采取一定严厉的方式来对犯错的学生进行批评教育，从而达到使其认识到错误并改正的目的。但与此同时，这样浅显的理解也会给老师和学生带来一定的误解，从而与惩戒教学的本质渐行渐远。我认为，惩戒教育并不是意味着采取单一的惩罚方式来对待所有的学生，这样简单粗暴的方式不仅缺乏针对性，更容易使学生们对老师产生一种畏惧感甚至是排斥感，长此以往发展下去，不仅会对学生的学习成长带来负面影响，而且会极大地阻碍老师教育工作的开展。所以，我认为惩戒教育的根本理念应该是因材施教，对待不同的学生所犯的不同类型的错误应因地制宜，采取更有针对性的教育方式来处理。当老师面对一名犯错的学生时，首先应该从多角度分析他犯错的根本原因，是什么因素导致他会犯错，然后需要从学生的自身情况出发，通过对学生的平时表现、性格、家庭情况等多方面进行综合考虑，从而想出一个更合理、更有说服力、更有针对性的办法来教育学生。既要让学生可以深刻认识到自身的错误，也要让他心甘情愿地接受批评并自觉改正。

“惩戒”是“惩”与“戒”的综合体，“惩”指惩罚，“戒”的含义是警戒。因此，“惩戒”意为惩罚以示警戒。从具体实施角度讲，惩戒就是通过对不合规范的行为施加否定性的制裁，从而避免违规行为再次发生或促进合规范行为的产生。“惩”使受教育者体验到痛苦或羞耻，激发其悔改的意愿，从而达到矫正的目的。惩戒中，“惩”是手段、途径，“戒”才是最终目的，二者相辅相成，缺一不可。将惩戒运用到教育中就是教育惩戒。日常生活中我们将凡是能增进人们的知识和技能，影响人们的思想品德的活动统称为教育，教育是培养新生一代社会生活的整个过程，也是人类社会生产经验得以继承发扬的关键环节。总之，教育是教育者有意识地向受教育者给予的积极影响。教育被赋予教化的任务，它是对个体自发成长过程的积极的干预，这意味着教育具有引导受教育者的权力，只有这种教育权力的存在才使教育有足够的力量去付诸实践，否则教育就是无力的，只能流于形式。教育惩戒就是这种教育权力的表现之一。教育是教育惩戒的大背景，教育惩戒是为了教育学生而实施。因此，教育惩戒应以教育为前提。各种惩罚措施是教育惩戒的途径，也是教育惩戒发挥其作用的保障，因此，教育惩戒以惩罚为其手段，教育惩戒最终的落脚点在“戒”，旨在尽量减少或不再现所“戒”的行为，其最终目的是促进受惩戒者向善的一面发展，与教育目标是一致的。教育者要通过教育惩戒使学生知道自己的错误与不足，并且得到改正和提升，这样的教育惩戒才是合理的、积极的。

在教育教学实践过程中，由于教师的惩戒权的行使往往是以行政管理的方式出现的，惩戒双方——教师和学生——的地位在一定程度上是不对等的，这使得惩戒带有了一定的强制性，教师和学校在是否惩戒学生的问题上拥有较大的自由裁量权。其直接结果就是，有些学校和教师滥用惩戒权利导致“惩戒过度”而侵犯学生的法律权利。其间接后果是，人们对惩戒产生歧义、错误地理解惩戒的含义和作用，使得惩戒的真正作用得不到正常的发挥。

所谓“惩戒”，即通过对不合范行为施予否定性的制裁，从而避免其再次发生，以促进合范行为的产生和巩固。“惩戒”中，“惩”即惩处、惩罚，是其手段：“戒”即戒除、防止，是其目的。换句话说，“惩戒”指的是借助于对不合范行为进行处罚来达到戒除和教育的目的，强调的是采用否定性制裁的教育效果，注重其戒除不良行为之目的的达成。

教师的惩戒权指的是，教师为了维护学校教育教学活动的正常秩序、保障教育教学活动的正常开展，以国家的法律法规为依据，针对学生做出的违反学生行为规范、破坏学校规章制度的行为而行使的一种教育管理权。如前所述，在中小学校中，教师与学生之间既存在着教育与被教育的教育关系，也存在着管理与被管理的管理关系。师生之间的教育关系决定了教师进行惩戒的目的在于教育学生、戒除学生的不良行为、促进学生的发展与成长：师生之间的管理关系表明，作为国家教育职能的直接执行者和家长管理权的委托者，对学生进行惩戒是教师的一种管理权力和权利。

（二）惩戒权中体现的法律关系

我国《教育法》第28条明确规定，学校及其他教育机构行使下列权利：

1. 按照章程自主管理；

2. 组织实施教育教学活动；

3. 招收学生或者受教育者；

4. 对受教育者进行学籍管理，实施奖励或者处分；

5. 对受教育者颁发相应的学业证书。

……

同时，我国《义务教育法》《未成年人保护法》《教师法》等都明文规定禁止教师体罚学生。禁止体罚并不意味着教师没有惩戒权。因为体罚和惩戒不是相同概念。但是体罚和正当惩戒之间的界限却并不明确，没有法律的明文规定，社会也没有共识。学校是专门从事教育教学活动的教育机构，为更好地教育和管理学生、维持学校的教育教学秩序，学校有权制定校规班纪，也有权根据它们对学生进行管理和处分。同时，为了使学校积极主动地完成教育目标，法律需要赋予它相当多的自由裁量权，允许学校对很多事务享有自由判断并做出决定的权力。因而，据此，校规作为学校制定的内部规则，对其内部成员如教师和学生具有了法定约束力。同时我们也要知道到，自由裁量权是一柄“双刃剑”，它可以满足积极管理的要求，但如果完全任其自由行使，又极易被滥用，成为侵害学生基本权利的源泉。学校作为培养人才的地方，既应当处理学生的违纪行为，也应当关注学生的未来，要以发展的眼光看待学生的不当行为，通过恰当的方法来平衡这两个目的。换言之，学校对学生权利的限制必须在学校目的的达成与学生权利的保护两种利益间求得最佳的“平衡点”。

表面上看，惩戒权的主体是教师和学生。其中，教师是权利人，学生是义务人，教师的惩戒权主要表现为教师与学生的教育、管理关系：实质上，在师生关系的背后，还隐含着一系列的关系，既包含有国家与在校学生之间的教育、管理关系，也包含有国家与学校、教师之间的委托关系，还包含有学生家长或其他监护人与学校、教师之间的委托关系，学生家长或其他监护人与未成年学生之间的监护关系。在种种复杂关系中，既有权利人和义务人地位不对等的行政法律关系，也有权利主体双方地位平等的民事法律关系。从根本上说，惩戒权乃是中小学教师接受国家、学校及学生家长的委托，针对学生做出的不合规范的行为进行约制、管理的一种权利。

（三）惩戒权的合理性分析

分析惩戒权的合理性，即分析惩戒权的合伦理性。因为，就某一项特定的权利来说，它首先必须得到社会及其成员的普遍认可，成为伦理规范的权利；继而，通过法制化的过程，伦理权利才会转化成法律权利。从这个意义上来说，伦理规范意义上的权利之所以成立，与法律规范意义上的权利相比，其前提条件要严格得多。

中小学生在接受各级各类教育过程中，在其身心发展的各个阶段，或者是其认识发展水平较低，或者是对自身行为控制能力的问题，抑或是抵抗消极诱因的能力较低，其身心发展未必都能达到国家、社会、教育者的要求，甚至出现各种性质的违规行为，这就需要教育者的引导或者是惩戒。犹如我们提倡教师不要吝啬对学生的表扬与奖励，中小学教师对于学生的各种违规行为也不能姑息、放任自流。奖励与惩戒，都是对中小学生行为的评价：奖励是对中小学生积极行为的认可、肯定；而惩戒是对学生消极行为的批评、否定。二者都是一种管理学生的手段，对学生的发展起着引导作用，目的都是促进学生的发展。

惩戒和剥夺式惩戒。在要压制或减弱的行为出现之后运用的刺激即为直接惩戒：学生违反了学校的规章制度或者课堂纪律的要求，教师采取放学以后留校、布置额外作业或者给学生打低分的方式来惩戒学生时，教师就是在运用直接惩戒。剥夺式惩戒，指的是因一种刺激被去除而导致惩戒的行为。例如，当学生做出不良行为的时候，教师撤销学生的某种特权、不允许学生参加课外体育小组的活动，就属于剥夺式惩戒——教师撤除了学生所期望拥有的某种事物。相比较而言，直接惩戒是为了减缓或中止行为而增加了什么，剥夺式惩戒则是为减少或减弱行为而减少或去除了某些东西。不论是哪一种惩戒，目的都在于促使学生认识到，当不合范行为消失之后，直接惩戒就会消失，被剥夺了的某种特权就会失而复得，惩戒的根本目的就在于消除学生的不合范行为。

由此可以看出，惩戒只不过是一种管理手段或者说是一种管理方式，其目的就在于通过给予学生一些刺激、对学生施以一定的痛苦感受，抑制学生不合范行为的再次发生，最终达到养成良好行为习惯的教育目的。

从整个教育发展史上看，学校及教师采用合理的规则规章促进学校的效率和效益是公认的一般规则。从学生进入学校的那一刻起，教师就是学生的“替代父母”（inlocoparentis），这意味着教师和学校管理人员有权去指导并惩戒学生，就像家长在家庭中对待子女那样。在类似的情境中，家长是否会合理地使用同样的方法来惩戒孩子？这是在判断教师能否惩戒学生的不合范行为的时候，人们常常要询问的一个问题。因此，可以说，人们从来没有怀疑过教师的惩戒权问题，只是对于教师享有惩戒权时应该注意的事项有所要求。比如说，教师对于行为失范的学生施以的惩戒必须是合理的，是否合理与惩戒实施的环境因素紧密相连：教师必须出于合法的教育目的，而不仅仅是因为教师的失望、愤怒，更不能基于教师的恶意而实施惩戒；惩戒必须与学生做出的失范行为的错误程度相关，不能过于严重：教师必须考虑学生的接受程度，考虑学生的高矮胖瘦、年龄、性别以及身体条件和心理发育程度，以这些来确定惩戒的方式。

（四）惩戒权的合法化分析

教师与学生之间的法律关系，实质是一种以主体间的权利和义务为内容的社会关系，也是一种思想社会关系。欧美某些国家认为，恰当、合理的惩戒是一种有效的教育管理手段。学校教育是家庭教育的延伸，教师是“替代父母”。基于这些认识，这些国家在其有关的法律中明确规定教师有权对学生的违规行为进行惩戒，并且这些规定具有较强的可操作性。在美国，作为一个普遍法则，学校惩戒属于学校管理者和地方学区的自由裁量权范围。基于学校及教师的“替代父母”地位，学校及教师可以对学生实施合理的惩戒。在英格汉姆诉赖特案的判决中，美国最高法院支持了这个意见，法院认为，为了维持课堂纪律和教师的权威地位，教师可以使用一些惩戒措施。但是，这些惩戒必须是合理的，过于粗鲁的惩罚在任何地方都得不到法律的支持：如果学校或教师使用了粗鲁的惩罚，就会被起诉，承担相应的民事或刑事责任。

通过前文的分析，不论是行为主义心理学关于惩戒的认识，还是从教育发展史上来看，只要恰当、公正，惩戒都可以说是教师管理学生的一种有效方法，国外的法律规定也从另一个方面证明了这个结论。

二、惩戒教育的合理运用

惩戒教育应当合理运用，如果运用不当，也会使我们的教育被动失控。正如法国思想家涂尔干说的，“惩罚的方式比惩罚本身更重要”。由于教育活动的复杂性，每个教师面对的学生特点不一，所以我们应该合理地进行惩戒教育。

（一）要明确惩戒的目的性

教育者使用惩戒时要明确其目的，要懂得惩戒只是一种手段而绝非最终目的。也就是说，面对学生的错误行为，在必要的时候，可以采取惩戒的手段使学生对错误的行为承担后果，对行为负责。惩戒的根本目的还是为了学生的发展。惩戒的目的是惩前毖后，维护纪律，使受惩戒的学生改过自新和健康成长，使大多数学生受到教育惩戒后能解决问题，而不产生新问题。所以在运用惩戒时要注意把握度、把握时机，注重惩戒的实际效果，不能产生副作用。近年来，教师因为没有把握好惩戒的尺度而对学生身心造成伤害的案例时有发生，导致学生厌学等。

1. 要注意惩戒的方式和手段

要针对不同的时间、场合、违规程度以及被惩戒对象的年龄特征、性别差异、智能发展水平等，机智灵活地选择方式，而不能一成不变、千篇一律。比如，对于故意违规的学生与过失违规的学生，对于初犯和屡犯，对性格外向和性格内向的学生，惩戒的程度及方式应该有所区别。惩戒的方式有多种，有违纪行为的罚他为班级做好事以挽回对班级荣誉的影响，罚上课不认真听讲的学生抄写或背诵课文以弥补课堂损失，罚屡教不改的学生让家长带回家反省等。灵活运用惩戒的方式，取得了良好的教育效果。如我上课曾有个规定，只要谁上课说话或者做小动作被我发现，就罚谁下次上课表演一个节目。有一次，一个叫小辉的男同学上课说话被我发现，于是我提醒他下次上课前要表演一个节目。据同学反映，小辉同学回家后一直苦练那首他喜欢但还唱不好的歌曲《男儿当自强》。终于，在下一节我去上课时，他在同学们的掌声中走上了讲台，一曲终了，小辉同学赢得了热烈的掌声，他也从此喜欢上我的课，课堂上认真多了。在这个案例中，就是以学生较能接受的方式惩戒学生，这个过程既起到了积极的教育作用，同时又有利于保持学生的学习兴趣。

2. 惩戒的轻重要适度

惩戒学生要看场合，要顾及学生的面子，惩戒应该对事不对人，它是某事引起的后果，而不是那个学生应该倒霉；而且要注意不要琐碎，事事指责，这样会导致学生不知所措、无所适从。惩戒要与赏识相结合，不能孤立地使用惩戒手段，必须与整个教育方法体系结合起来，尤其应该与说理、沟通、感化、激励等教育方法结合起来使用。

三、惩戒教育的手段

教师在对学生实施惩戒前，要与学生进行谈话，让学生明白受罚的原因，清楚克服缺点的途径。教师在平时就要培养学生的荣誉感，如果学生不知道集体对他有什么要求和为什么要求他，惩戒将没有什么意义。教师除了在惩戒前向学生解释他为什么会受到处分，而且在惩戒之后也要加强对学生的思想工作。在这个过程中，教师要关注学生的思想变化，加强对学生的思想引导和说服教育。切忌处分完学生就完事，这种做法是不能达到教育的效果的。还有，惩戒毕竟是刚性教育，还要与赏识教育结合。这样，一刚一柔、刚柔相济才能达到最佳教育效果。下面具体分析几则案例。

（一）化解学生之间的矛盾

如何化解学生之间的矛盾是老师们的必修课之一。学生D性格内向温和，学生E性格则比较冲动易怒。在“学农”期间，两人由于一点琐事发生了矛盾，我在第一时间得知消息之后，出于安全的考虑，把这两个学生叫到面前狠狠地批评了一顿，并分别将两人的家长请到学校进行沟通。两名学生也承认了自己的错误，双方家长也对二人进行了进一步的批评教育。原以为事情会就此解决，但之后的一段时间，学生D变得更加内向沉默，而学生E的脾气则变得更加冲动，虽然两人没有再发生明显的矛盾，但这两名学生的变化却不禁引起了我的担心。我也对自己当时对两人的教育方式进行了反思，然后多次找两名学生谈心，引导他们主动化解彼此之间的矛盾，也通过家访来了解学生在家中的表现，再结合他们在学校的表现从而分析如何更有效地帮助两名学生。除此之外，在平时的班级活动中，我有意地安排他们两人一组，促进他们的交往。慢慢地，学生D逐渐变得活泼开朗起来，学生E冲动的性格也明显有了改进，两人也成了形影不离的好朋友。学生之间出现摩擦、矛盾是极为正常的现象，但作为老师我们应该结合实际情况，针对不同学生的性格特点来帮助引导他们消除彼此间的误解，从而化解矛盾。而单纯的批评教育只会让学生之间的矛盾埋藏得更深，甚至会导致他们采取其他一些错误的方式来解决矛盾。

孩子不是生活在真空之中，我们也是从孩提时代蹒跚走来的，孩子在其发育成长过程中，理智和情感在矛盾的冲突中不断地寻求着动态的平衡，而且，孩提时代掀不起一点波澜的孩子很多都是平庸的，钟爱并保护孩子的独特个性是教师的职责，更是教师的大智慧。孩子是教师的影子，潜移默化也好，耳濡目染也好，教师的行为方式直接影响着孩子的处世风格，善良产生善良，暴力产生的只能是暴力，爱心塑造的永远是爱心。世界上每一朵鲜花都美丽，我们身边的每一个孩子都可爱，他们是大自然赐予我们人类最精彩的厚礼，孩子是未来更是希望，当我们以真诚的爱意理解他们、尊重他们、呵护他们、开导他们、激励他们、唤醒他们的时候，孩子们真的就变成世界上那朵朵美丽的鲜花。每天徜徉在花的海洋里，心里自然比蜜还要甜，你还能说教师的职业没有魅力吗？当学生给我搬来椅子请劳累的我坐下来休息一下的时候，我从不忘记真诚地道谢。开始时学生很诧异，一脸的迷茫又掩饰不住满心的激动。后来他们竟抢着给老师送上椅子。孩子在老师的谢意中感受着被人尊重的甜蜜，老师在学生的爱戴中体验着职业的幸福。尊重与爱戴让师生的生命丰满而充盈。当孩子们在同伴之间交往时也学会了真诚地道谢时，学生的生命成长过程自然而然地融进了和谐发展的汩汩清泉，我对教师的魅力又有一个全新的体验：一个孩子是一个丰富多彩的世界，无数个孩子则是一个波澜壮阔的宇宙，教师的魅力在于能影响这个世界而撬动这个宇宙。也许弯下腰拾起脚下的垃圾送至日垃圾箱里对我们教师来说微不足道，有的教师可能还会说这应该是学生做的事，甚至办公室的垃圾应该由学生来倒，办公室的地面应该由学生来扫，办公室的水应该由学生来提。学生应该锻炼的事情确实很多，但“教师无小节，处处是楷模”的话我一刻也不敢忘记：没有会弯下腰的老师，我们能期望有弯下腰的学生？当我弯下腰的时候，这个动作就具有了教育学上的美丽意蕴，因为从此校园便有了弯下腰的学生，也因此学校就有了不再需要弯腰的净美世界，教师的魅力也就在弯腰的瞬间定格为永恒的美丽。

没有规矩不成方圆。现在的孩子大多是独生子女，缺乏集体生活的经历，娇生惯养，我行我素惯了。个别家长又怕孩子在学校受苦、受委屈，不理解老师的良苦用心，有问题便指责老师甚至大闹学校，干扰了学校正常的教学秩序，老师面对屡教不改的犯错学生无能为力。一个学生的小打小闹违纪即使有一百次，教师也不敢过分管学生，只能是说服教育，还要和风细雨，稍有过激便是侵犯学生人权。如此只能让一些犯错学生越来越放纵，也影响了班上其他孩子。不给孩子立点具体的规矩，课堂教学有时的确没办法进行。

（二）注重惩戒教育中的尊重

学生犯错时，给予适当的惩戒可以接受。家长有时候也会对太调皮的孩子进行惩罚，比如不许他吃自己爱吃的零食，取消带他出去玩的计划等。适当的惩戒对孩子来说，不会在心中留下阴影，能起到一定的作用。老师惩罚学生是应该的。一个班级里，孩子那么多，什么样的孩子都有。有习惯好的，肯定也有习惯不好的。惩罚可以接受，但不能体罚或变相体罚。在制定惩罚条款时，应该综合出几条可供学生选择的条款，比如犯了哪类错的学生，可以选择哪一些惩罚，给予学生一定的尊重，而不能借惩戒的名义给学生造成沉重的心理负担。特别是不能把惩罚当作老师发泄情绪甚至打击学生的方式。（对W家长的访谈）

所以，在惩戒教育中，作为教师应该学会在尊重学生的基础上，做到适度的惩戒教育。

（三）惩戒教育需适当

“我觉得老师应该惩罚那些不守纪律的同学。上小学时，我们班就有一个特别爱动的同学，他上课的时候特别好动，一会儿找同学说话，一会儿玩玩具，一会儿吃东西，常常影响周围一帮人上课。老师上课老点他的名字，他可不在乎。后来数学老师就警告他说，要他上课时必须记笔记，每堂课一下课就把笔记交给老师检查。如果乱动就在最后一排的空座位上站着上一节课，他被老师罚了几次，后来慢慢控制自己了。他上数学课时最遵守纪律。数学作业做得最认真。不过老师的惩罚不能太凶了。比如罚我们抄太多字的课文，把我们赶到教室外面站很长时间。”（对H同学的访谈）

四、惩戒教育的意义

惩戒教育是教育不可缺少的组成部分。在学校教育中，我们一方面要对学生遵规守纪的行为予以表扬，促进良好行为的发生、保持与发展；另一方面也要对学生违反规章的行为予以惩戒，杜绝不良行为产生、繁衍与恶化。二者不可偏废。此外，惩戒教育作为学生不良行为的警戒灯矫正器，不仅有利于学生自觉遵守社会所认可的行为规范，而且更重要的是，它有助于培养学生的法律观念与责任意识。因此，惩戒教育作为教育中的应有之意，是教育不可缺少的组成部分。

（一）运用惩戒的方式符合初中生的身心发展规律

初中生正处于生理与心理重大转变时期，也是学生人生中的一个重要转折阶段。这一时期被称为“心理断乳期”，学生的自我意识在飞跃发展，个性上会出现主观偏执性。在这期间身体的各个方面都在迅速发育并逐渐成熟，同时，心理的各个方面也在发展，但速度较生理的发育略缓慢，所以会出现不平衡的特点，依然是未成年人，还不具备完全独立行为能力。因此，在平时的学习生活中就会出现一些不规范或是错误的行为，且较为偏执、极端，总是认为自己正确，听不进别人的意见。这就需要作为引导者的教师，当对其采取说服、激励等方式无效的情况下，进行适当的惩戒教育，以促使其改正错误并规范行为，所以初中阶段又称为“帮助少年起飞”阶段，需要激励、赏识，也需要适当地惩戒，这些教育方式都符合其认知特点。

（二）初中生的健康成长需要惩戒教育

素质教育的最终目的就是培养全面发展的人：全面发展指人的身与心、灵与肉、情与理都和谐发展。而在现实生活中，每个人都可能会经历成功，也会遭遇失败。挫折是每个人都要面对的问题，只有心理健康、人格健全的人才能从容面对这一切。所以，要让学生从自然人变成社会人，就要动用教育的十八般武艺，表扬、批评、奖励、惩戒，等等适当的惩戒教育有助于培养学生健全人格，促使其健康成长。

首先，惩戒教育有助于学生遵纪守法的良好习惯的养成。人是社会中的人。社会的秩序依赖于制度来维持，这就需要纪律的约束，规范其成员的言行。一个人若违反规范，定要受到惩戒，不然，纪律法规受到挑战，失去其权威，社会正常运转的秩序就会被破坏。国有国法，校有校规，学生只有在学校遵守纪律、严格约束自己的言行，将来走上社会后才能适应各种规章制度。所以，教师在教育教学中既要对学生遵守纪律的行为予以肯定、表扬，使其这一行为得以强化，得到保持，同时，又要对学生违反规章制度的行为予以惩戒，杜绝其再次发生。对违反纪律的学生实行惩戒教育，是为了让学生明白，某些行为是不被允许的，不规范的行为就会被弱化直到消除。这是教师对未成年学生的错误进行引导和矫正。而守纪律是行为规范内化的表现，最终起到自律的效果。

其次，惩戒教育利于学生责任感的培养。

再次，惩戒教育有益于学生健全人格的培养。在现实生活中，既有鲜花、掌声，也有痛苦、失败。学会正确面对挫折，释放痛苦，排解压力，这是每个人都必须面对的问题。一个人在学生时代若只有赞美、表扬，一路“夸”过来，是无法磨炼出坚强的性格的，将来离开学校后就很难适应社会环境，无法经受社会的风浪。挫折投射到学校教育中就是惩戒。赏识令人愉快，而惩戒使人痛苦。学生在痛苦体验中不断总结、反省，可提高自身的心理承受能力。可以说惩戒教育是提高学生心理素质的重要方式之一。

惩戒教育与现在所倡导的“以人为本”的精神不相悖因为以人为本更要求培养学生的健全人格。而健全人格的养成是与矫正不健康的行为同步进行的。惩戒在教育中是不可缺少的，有助于未成年人人格健康和谐发展，也是使人社会化的重要途径。

（三）合理的惩戒教育有助于树立教师的威信

教师的威信对规范学生的行为习惯和开展有效的教育教学活动具有十分重要的作用。教育家赞可夫也曾说过：“如果没有威信，也就是说，师生之间没有正确的相互关系，就缺少了有成效地进行教学和教育工作的必要条件。”教师威信是“教师与他人的交往过程中，影响改变他人心理与行为的能力，是教师对他人（主要是学生）的影响力。一般说来，教师威信包括权力性威信和非权力性威信两种形式”。其中，权力性威信是社会赋予教师这一职务的影响力，带有法定的性质。而非权力性威信是教师的人格、学识、能力及教育艺术在学生心理上产生的影响力。教师威信的形成取决于多种因素，如教师本身的学识素养，学生对教师的认可度及社会各方对教师的态度等，都与树立教师的威信有影响。其中，影响教师威信提高的关键因素是教师能否与学生建立起和谐融洽的师生关系。惩戒教育的适当应用，既可体现教师对学生公平、公正的态度，又体现教师爱憎分明的品质，同时，还可以体现出教师对于学生的爱和关心。教育家马卡连柯说过：“凡是需要惩戒的地方，教师就没有权利不惩戒。在必须惩戒的情况下，惩戒不仅是一种权利，而且是一种义务。”任何人都要受到规范的约束。这样一来，学生在心中就会建立起教师公正严明、和蔼可亲的形象，从而发自内心地尊重、信任教师。也只有这样才能树立起真正的教师威信。进而，教师就能成功地扮演好教育者的角色，顺利完成教育使命。在这里，适当的惩戒教育所发挥的作用不可忽略。

（四）惩戒教育的存在是教师有效从教的保证

一切为了学生，为了一切学生，为了学生的一切。“以学生为中心”“只有错的老师，没有错的学生”“只有不会教，没有不会学”诸如此类的口号目前大行其道。这些口号透露出对学生无限的关爱呵护的同时，也多少显现了对教师的人格和尊严的忽视，而忽视了教师作为教育者应当享有的权利和尊严。没有警戒，教师难以得到维护纪律和获得尊严所必要的权威；没有警戒，教育无法实现控制顽劣、激励勤勉、纠正不良习惯、培养善良品格的功能。教师承担着教书育人的双重责任，教师要完成自己的教学任务，实现教育目标，在课堂上，在教学过程中，必须有相应的纪律保障，促使学生按照老师的要求去做。但纪律总会有学生违反，要求总会有学生有意无意地不能达到。这时，教育惩戒的存在就显得必然和必要。现在的学生，大多是独生子，缺乏必要的合作教育，以自我为中心，缺乏挫折教育，很少受到打击，心理承受能力低，这为教师对学生的教育过程增添了不小的难度。而在进退维谷、左右不是、无所适从的状态中教书育人，教师的权益无法得到有效的保障，工作中无法体会到工作的乐趣，更少有成就感。长此以往，教师的工作动力和激情便被削弱，随之而来的是职业倦怠症。

五、合理实施惩戒教育的对策和建议

（一）制定和完善切实可行的法律法规

通过制定和完善切实可行的法律法规，提高教师依法执教能力。导致教师在教育教学中对学生实施惩戒时瞻前顾后、顾虑重重的根本原因还是缺乏立法保障。我国现行教育法律法规多是宏观管理方面的规定，更有许多领域无法涉及，造成明显的教育领域的法律“真空”，对教师的评价也大多建构在道德框架内，没有专门用以规范教师职业行为的法律。因而，必须加强教育立法，填补各项空白，使教师惩戒行为有法可依。

（二）健全监督机制，使惩戒权在合理合法范围内行使

有了立法，就要有监督执法。对教师的惩戒权的实际行使状况，要由相关的监督主管机关进行监督。监督可由各级教育督导组织代为执行。可设立学校、学生、家长三位一体的监督制度，鼓励社会成员充分发挥公民个人的监督作用，协助督导开展好工作，接受全社会的监督。

（三）提高全社会对惩戒教育的公正认识

大力提高全社会对惩戒教育的科学性、教育性的公正认识。首先，社会舆论的引导者，各种新闻媒体对一些教师不正确对待学生、侵害学生权益的事件，如体罚、变相体罚等，要在开展调查研究的基础上，给予客观、公正的报道，形成积极健康的舆论导向，以便在全社会范围内提高对惩戒教育的公正认识。其次，家长要加强修养和提高认识，要从子女全面

发展的角度，重新审视、评价和对待惩戒教育。要家长和社会达成这样一个共识：惩戒教育在促进青少年社会化方面起着不可替代的作用和职能。

（四）学校转变学生管理理念

实行人本主义管理。学校和教师要打破让学生认真学习、机械化遵守纪律的传统观念，重新认识到学生是有差异性、个性化的个体，推崇“以人为本”、以人文关怀的理念来管理学校，这样才能真正打破师生关系的僵局，建立师生相互理解、相互推动、教学相长的和谐境界。

总之，教育要体现人性化原则，现代教育的核心便是尊重，对孩子进行体罚显然是不尊重孩子。但是，教育不是万能的，对于屡教不改的学生，只尊重是不够的，必须对其惩戒。但是惩戒要有充分的理由，也就是说，在学生犯错误的时候，教师要明确指出，他违反了学校或者班级的什么规定，根据规定应该接受什么样的处罚或者教育。这就要求老师在平时的教育过程中，对学生进行校规、班纪的教育，让学生明白，哪些是学校和班级允许做的，哪些是不能做的。而且，学校校规、班纪要在学校醒目位置进行张贴或者公示，班主任老师或者课任老师都要在适当的时机和场合对学生进行规则教育，加深学生对规则的理解和认识。这样，学生在违反规定时，通过对自己错误和规则的对照，能明白自己该接受什么样的处理。在这种状态下，接受学校或者班主任老师处理时，学生能心服口服，能很好地接受，不至于出现僵持的局面。也只有这样，教育惩戒才能达到预期的效果。

让教育更有价值

青岛西海岸新区实验小学　丁春荣

学校教育，其含义是教育者根据一定社会（或阶级）的要求，有目的、有计划、有组织地对受教育者的身心施加影响，把他们培养成为一定社会（或阶级）所需要的人的活动。其价值体现在培养人、感化人的过程中，让人懂得爱，懂得分辨善恶，明辨是非。这一过程中孩子需要我们用爱去呵护，尤其是孩子犯错误时，更需要我们怀有一颗爱心，耐心地等待，送一缕阳光温暖他们，化一丝春风爱抚他们。

记得一天上午做完课间操，刚回到教室一名学生就说："老师，我刚买的橡皮丢了。"近期班里经常出现丢东西的现象。虽说现在经济条件好了，对少块橡皮、丢把尺子家长们没有计较的，但也不能任由孩子犯错。我曾经暗自调查也怀疑过几个孩子，但没有充足的证据怕伤了孩子们的心。而且老师对家长说孩子别的错误，家长们都能接受，但对偷东西这件事的反应会特别的强烈，一旦判断失误，后果不堪设想。

"大家都自己先找一找，看看有没有掉到地上、桌洞里、铅笔盒里，同桌看看有没有拿错的。"我说这话时孩子们就开始行动起来，而我的眼睛一直暗暗瞅着那几个孩子，果然，我看到孩子章某先从铅笔盒里拿出一个东西放到了裤兜里，又让同桌看铅笔盒，我心中一喜，是谁拿的我心中基本有数了。学生章某遵规守纪，对老师也有礼貌，是个自尊心特强但性格内向的男孩子，家中经济条件不错，怎么会喜欢拿别人的尺子、橡皮呢？怎样做思想工作才能让他接受呢？这件事怎样处理会更有价值呢？等同学们一无所获地安静下来，我想如果直接在班级中揭穿这件事，学生章某的自尊心一定会受伤害，他在班级中的地位也就没有了，可能效果会适得其反。我想了想，说："章某，你帮我把作业送办公室去，其他同学先看着书，静静地等美术老师来上课，老师再回去想想办法。"

这样我就有了单独和学生章某谈话的机会，我询问他最近学习用品的使用情况。他的脸色马上变了，不敢看我的眼睛，只含糊地回答了我的问题。我进一步追问，他马上说："我没有拿。"我知道他在保护自己的自尊心，所以也没有发火。我从他口袋里掏出来后，心平气和地问："这是你的吗？"他低着头，小声说："这是我捡的。""捡的为什么不交给老师？"他不说话了。于是，我语重心长地对他说："老师不喜欢说谎的孩子，只要能承认错误，老师会原谅他的。而且会把这件事情放在心里，不告诉任何人！"他低着头，不说话。我说："老师再给你一次机会，能告诉我吗？"他哭着说："老师，我真的知道错了……"我悬着的心放了下来，我真怕他失去"诚实"这件宝贵的东西，他没让我失望。我帮他擦去泪水，告诉他老师还是很相信他、很喜欢他，只是要他吸取教训，改正错误。

后来与家长交流时我也没说这件事，当了解到家长对孩子零花钱、文具等管理特别严格时，只是从侧面提醒家长，孩子是个自尊心强、性格弱的孩子，不用管太严，可以适当给孩子买一些自己喜欢的文具。后来的班会上，我和同学们说，有一个同学犯错后能主动承认错误，并且保证永远做个诚实的孩子，老师最欣赏这样的学生。学生章某很意外，他没有想到在他犯错之后，我会侧面表扬他。他感动得眼睛红红的，我相信从此他一定会做个诚实的孩子。

这一次成功的教育案例给了我很多思考：一个孩子从幼稚走向成熟是一个过程，当孩子犯了错需要惩戒教育时，不能用同一个标准要求所有的孩子。对于有些孩子来说，成长的过程可能需要更多的时间。这就需要我们放慢脚步，用我们的真诚、宽容、耐心、期待、信任、尊重……学会等待。"孩子犯错，就是上帝也会原谅"，更何况是孩子眼中神圣的教师？我们怎么有理由不去耐心等待呢？等待是一种爱——一种需要爱心与信心的爱。很多时候，孩子的豁然开朗、顿悟清醒，也许就在我们耐心等待的一刹那之后。对于章某的这份等待，是我对他犯错的宽容，更是对他自尊的呵护。正是这份等待让他在愧疚之后能够平静而从容地抬起头……也正是在等待中，我享受到了别样的幸福。他后来在周记里写道："我必须改正自己的错误，做一个诚实的孩子，否则等于承认我自己品质很差。我必须克服浮躁、虚荣，使自己真正强大起来才能弥补以前的过失，才能对得起老师的表扬以及满满的信任和期望！"如今，他已成长为一个理性、沉稳、健康的阳光男孩。

适当教育惩戒，塑造学生健全人格

青岛西海岸新区第五中学　王在芹

当今社会，各界对教育与教师的关注越来越多。期待越来越高，家长与学生的权利意识越来越强，这一切导致教师承受的压力越来越大，在教育过程中产生了很多的顾忌，也发生了一些家校之间的矛盾。教育惩戒的提出无疑是从教育的本真角度出发，为学校和教师完成本职工作提供了行为遵循，更为学生的正常成长提供了可靠的保障。

中国教育科学研究院研究员储朝晖也曾在多个场合谈及："严格地说，教师的惩戒权不是谁赋予的，而是教师这个工作所必需的。从古代开始，不管是中国还是西方的教师，都拥有惩戒权力，否则，教师无法完成本职工作。有人认为教师的惩戒权是教育行政管理部门或者学校赋予的，这种理解是错误的。"他认为，正是由于上述错误观念的存在，导致一些教师放弃了惩戒权，甚至放弃了自身的责任，进而在教学实践中造成很多问题。有的学生因此没有受到合适的教育，对学生自身也形成伤害。教育惩戒作为一种特殊的教育方式，一直遭到不少的质疑。实际上，任何教育方式都有其优势，也都有着不可忽视的劣势，在教育活动中应比较全面地认识各种方式的优势，以达到更好的教育效果。为此，本文针对学校教育中教育惩戒在健全人格方面的优势进行如下分析。

一、教育惩戒使学生真正明辨是非

古语云："子不教，父之过；教不严，师之惰。"家父年已八旬，在家父念叨的旧事中，始终铭记的是他每念及幼时上私塾时，每有不按时熟练背诵出先生要求的内容，手掌就会被先生打戒尺，从无半句怨言，反而总是得意地流利地背诵大段的《论语》《诗经》等国学经典，从事实中告诫我们严师方能出高徒。有教育经验的人都知道，有效教育的结果只靠欣赏是不够的，更不可能是哄出来的。必须有必要的惩戒，学生才能真正明辨是非。

二、教育惩戒使学生增强责任感

教育惩戒是改正错误的有效措施，当学生行为与学校要求不一致时，老师对其进行教育惩戒，使其懂得行为界限，明确权利和义务的关系，违反了纪律，就要承担后果，这是对他人负责，也是学生对自己负责。惩戒也是让学生亲历道德体验，让学生用自身的行为来体验违纪的后果，把道德教育落到了实处。比如，多次违反课堂纪律，打扰了大家的学习，对这样的学生只是批评几句，认识到错误就完事了？这是不公平的。应该给予适当的惩戒，让其付出应有的代价，使学生明白，违反纪律与为之付出的代价相比是不值得的，教育惩戒才会起到纠错的作用。

三、教育惩戒可以提高学生的自我控制能力，提高意志力

处于青少年时期的中学生还懵懵懂懂，少不更事，自省自觉意识都还不成熟，自制能力比较差。再加上辨别是非的能力弱，更是难免犯下错误，养成坏习惯。对于批评，有的学生已经司空见惯了，当成耳旁风，有的学生也知道这是坏习惯，但由于不良习惯的惰性，要改掉它可不是一句话两句话的事。而教育惩戒就是为了改正错误和改掉坏习惯而设置的。通过对其进行惩戒形式的行为矫正训练，可以提高学生的自我控制能力，提高意志力，从而改掉坏习惯。所以说，教育惩戒具有养成坚韧意志品质的功能。

四、教育惩戒能够科学恰当地处理学生不良行为，进行普法教育

学生在学校的严重过错表现极有可能是走向社会后进行犯罪的一次

"前奏"或"预演"，采用惩戒教育，及时对其错误行为"踩刹车"或"叫停"，铲除其错误思想及行为再生的根源，并适当引进法律知识配合教育，既可防微杜渐，又无形中起到普法教育，这对于一些法制观念淡薄、正面教育一时难以奏效的"问题学生"来说，何尝不是很好的普法尝试？惩戒教育使学生知道，这个世界上除了道理，还有法规！让他们学会从教训中认识社会的基本法则。惩戒教育有助于培养学生对"法"的敬畏精神。小守规矩，大遵法律，这样的学生融入社会后，能自然地融入法制社会。

五、教育惩戒具有警示作用，有利于形成团队意识

教育心理学表明，学生的认识、态度、观念等多来源于间接经验，并不一定得之于亲历奖惩的直接体验，学生往往是通过观察别人的行为表现方式及行为结果间接得到的。惩戒教育让犯错者有切肤之痛，也让其他人知道在学校里哪些可为、哪些不可为，从而内化于自己的潜意识中，不致再犯类似错误。如某学生在教室里乱扔杂物达到三次，教师惩戒该学生放学后单独打扫全教室卫生，不能有任何卫生死角。其他学生便会引以为戒，不敢犯该学生的错误。惩戒维护了制度的威严，也就在很大程度上保护了集体目标的实现，有利于学生形成团队意识。学生将来无论在什么工作岗位上也都会有大局意识、团队意识。

相信不久的将来，国家会出台有关教育惩戒权的法律细则，让每一位老师都能踏踏实实、勤勤恳恳地实现做人类灵魂工程师的理想，落实党的教育方针，实现立德树人的根本任务，真正提升我国教育的国际竞争力。

浅谈如何恰当惩戒学生、建立良好师生关系

青岛西海岸新区致远中学　王安磊

“一分预防胜过十分治疗”，这句谚语恰好表明了师生关系的重要性。创建积极向上、和睦团结的师生关系可以避免课堂和班级中的许多问题，将很多紧张升级的关系扼杀在萌芽状态。大量研究表明，师生关系的和谐程度直接影响学生的行为习惯、心理健康和学业成绩，学生尤其喜欢热情、友好的教师。但是在教育过程中不可能缺少惩戒，没有惩戒的教育是不完整的教育，怎样寻求惩戒学生与建立良好师生关系之间的平衡，是每一位班主任和科任教师都要思考的问题。优秀的教师往往是那些既对学生表示个人关心和尊重，又对学生提出严格的学业要求的教师。

良好的师生关系是影响学生的学习动机、成绩和行为的一个主要因素，因此，教师需要学习如何恰当地惩戒学生并自觉地应用和学生建立良好关系的技能。笔者从以下几个方面谈谈自己的看法。

一、作为榜样的教师

青少年爱寻找榜样发展个性。在学生成长之中起重要作用的成年人，是不少孩子乐于模仿的对象。研究表明，高中生喜欢模仿的成年人，是那些他们觉得精明强干、能发号施令、扶危济贫的成人（每个人心中的英雄情结），而教师恰恰就具有这样的特点。教师力图改变那些有模糊认识的学生的态度和价值观，这一点比单纯管理有更深刻的意义，这就要求教师成为一个榜样，成为一个个性鲜明的典范。研究表明，高中生倾向于模仿数个成人表现出的共同行为，尤其是他们认为这些成人得益于这些行为时，更

会以此为榜样。因此，一个学校有必要培养和肯定教师的某些共同的积极向上的行为和做法。另外，教师间的关系，是一所学校交往方式的典型代表，教师间的关系应该向校外人展现出一种良好和谐、积极进取的精神。

二、创建有效的师生关系

任何一个从事教学多年的教师都很清楚，学生需要或期望老师的积极行为包括教师办事严谨干练，提出实事求是的要求，有足以胜任的教学教育能力。教师和学生关系主要的问题并不在于教师对学生是否热情或关爱友好，而是教师必须在保证与学生之间相互尊重的同时，维护自己的尊严。温暖关爱和严谨踏实并不矛盾，有效的教学应将这些重要的部分很好地结合起来。

在阐述有助于教师发展开放而有效的师生关系的具体沟通技能前，有必要首先考虑教师如何能最有效地与学生建立良好的关系。戈登在《教师效能训练》一书中指出，良好的师生关系应是有以下性质：① 开放性或透明性，师生间可以直言不讳、坦诚相见；② 关爱性，师生双方都感到被对方看重；③ 依存性（而非依赖性），师生双方相互依靠；④ 独立性，师生双方都允许对方发展自己的独特性、创造性及个性；⑤ 互惠性，师生双方决不以牺牲对方的需求来满足自己的需求；⑥ 赞赏性，赞赏彼此的观点、情感和个性，将对方看成一个独立的个人，承认每个学生的特有价值。诺丁斯曾说：“以关爱为基础的道德教育包括四个方面：示范、对话、实践和确认。”示范是指我们作为教育工作者如何对待他人，即如何对待成人和未成年人；对话是指成人不做出预先限制，与学生进行无约束对话，允许学生就自己有关的事情提出问题并参与决策；实践是指学生必须有参加建立关爱关系的机会，这包括为集体服务，辅导同学的功课，或其他帮助和鼓励他人的活动；确认是指找机会来确定每个学生是否已经逐步成长为集体中具有爱心的一员，也意味着力图了解学生做出不良选择的原因，帮助学生认识到教师看重他们，并真诚地希望他们有一种更令人接受并体现爱心的方式来满足自己的需要。

我们经常听到教师说，应该给学生的是一个框框和限制，而不是关爱，其实这两者并不是势不两立的东西。教师可以在对学生表示尊重、关爱、热情的同时仍然对学生的行为方式和学习成绩提出较高的标准和严格的要求。

三、恰当而开放地进行师生对话

通常师生关系有三种基本类型：① 完全开放型，我们与学生共同探讨各种私下关心和看重的问题；② 内部开放型，我们主要就学校环境提出我们的反应和感觉，一般不涉及校外生活；③ 角色限制型，我们不与学生讨论私人的情感和想法，仅仅是履行教学职责。如果一个教师和许多学生喜爱同样的音乐，那么他与学生讨论这种音乐，分享共同兴趣，就会创造一种轻松的师生关系。同样，若教师的爱好或看法不同于学生，那么，师生各抒己见的交流也对各方有启发和教育作用。不过，教师不要过多地关注学生的校外爱好和校外活动，尤其是高中教师。青少年正处于发展个性时期，通常认为成人阶段是一个积极的人生阶段，在这个阶段中，人们已经达到预期的个人和社会要求。若成人对青少年的课外活动和爱好表现出过分的浓厚兴趣，似乎想要和青少年一样，甚至成为其中的一员，学生会感到困惑不解。如果成人没有比青少年更有趣味或有更有价值的事情可干，那青少年的一个主要目标——想成为成人团体的一员——会大打折扣。比如，我们在班会时，经常提到大学生活的积极性和进取性，学生就会加大对大学生活的渴望和追求，也成为他们努力进取的一种动力，反之将使他们失去对大学生活的向往和兴趣。

当然开放是必需的，但开放又必须恰当。开放程度取决于：能否使学生了解我们的为人。恰当的师生关系的另一个方面是教师有能力与学生和睦相处。我们乐不乐于与学生相处，相处得是否融洽，学生的心是一清二楚的。莱特富特说，“不害怕学生而且正确理解学生的思想感情”是一个优秀教师的特征，即教师知道和理解学生在发展过程中遇到的各种难题，并自然而然地乐于与学生相处，并提出解决的意见和建议。

四、创造亲密交往的机会

就像任何人与人之间的关系一样，交往的双方不受日常事务的干扰，花点时间相互了解是非常有好处的，特别是一些非正式时间和非正式场合。

（1）表示对学生活动的兴趣。花些时间参加学生所喜爱的活动可以表明我们对学生的关心，通常，家长对教师能参加学生的活动非常感动和感激。由于教师的参与，那些参加活动的学生会有很大的进步。

（2）与学生共进午餐。特别在寄宿制学校中，教师可以有计划地和学生一起吃饭，吃饭时可以聊一些共同的话题以及个人的私事，听听学生对学校、对家庭、对社会的反映以及学生内心世界的变化和差异。注意这段时间不要用来讨论学生的学习和行为。

（3）安排访谈，特别是在关键时期、恰到好处的表扬。

（4）给学生写信或便条。教师充分利用各种有利于教育的契机，比如开学初、考试后、生病时等，教师可以通过写便条、写信、发短信和电子邮件传递你的想法或主意，表达你的赞赏、担忧、祝福等。

（5）参加学校和社区活动。充分利用学校组织的一些活动，比如文艺表演、演讲表演等，教师积极地参与活动，与学生分享快乐时光，同时让学生有机会把教师当成普通人，从而增进有益的师生交往。

（6）参加体育活动。学生非常高兴教师能够参加他们的体育活动，学校举办运动会，从同学们高声呐喊的程度就可以判断，参赛者不是本班学生就是课任老师。

五、循序渐进地改善师生关系

我们对学生的关爱主要表现在以下几个方面。

（1）逐渐了解学生。教师可以通过了解学生以及影响学生生活的社会因素，增强与学生建立良好关系的能力。及时了解学生本科目学习情况、作业情况和课外情况是很重要的。

（2）多说肯定的话而非否定的话。我们通常有一种错觉，认为批评可以改进学生行为，可研究表明正好相反。笔者觉得教师与学生建立良好的关系，从某种意义上可以比喻为“良好关系存折”。如果教师想提出“改进行为的要求并希望学生积极地响应”这一“资金”，就必须首先存入“和学生建立良好的关系”的“款项”。

（3）传递高度期望。各种学校效能研究也都表明，教师对学生学业的期望是影响学生学习成绩的关键因素。我们通过各种暗示或明示的方法向学生传递出自己的信息，对有些学生来讲，我们好像是在说他们聪明能干，有责任感；而对另一些学生来讲，正好相反。

我们必须认识到对所有学生都寄予厚望并不意味着不加区别地对待所有学生。教师根据每个学生的需要而因材施教，基本上是符合逻辑和考虑周到的。不过，教师应该深入地了解学生的潜力，允许优秀的学生支配课堂互动的过程。更为合理的做法是：教师应该通过个别教学和小组教学加强与学习有困难的学生的教学交流。尤其是向基础较差的学生讲授新课时，尽量讲得详实准确，以免学生在新内容面前感到困惑不解。关键问题是：我们必须知道对什么样的学生采取什么样的对策，周到而细致地构建促进个人和集体学习的因材施教的师生互动模式。

六、预防在前，规则中间，惩戒在后，和谐的关系为基础

关于惩戒，这里首先要说明的是：惩戒学生不等于体罚学生。把体罚

与惩罚混为一谈，要么是教师对这个问题认识不清，要么是有意偷换概念，为体罚学生找借口。不能体罚学生是底线，但是在教育中对学生的错误行为实施一定的惩戒是完全必要的。

有些不正确的言论和做法对教育事业和教师群体的伤害是比较大的。有些教师，本身对教育缺乏思考，对学生的错误既缺少耐心又缺少方法，只会指责批评，对学生的反抗只知道压服，压服不了就叫家长，导致目前师生冲突、家校冲突不断，教师的美誉度下降。而在教师阵营中，又出现了另一个极端：认为教师不能惩戒学生，否则会引发冲突而导致教师利益受损。由此可见，对于教育、惩戒、体罚等概念多有认识的误区。

教育的方法是丰富多彩的，公平公正又因人而异，即对事也对人，严格执法又有法外温情，规则约束辅以人文关怀，出乎意料又在情理之中……这些智慧的思想彰显了教育之魅力，也让教师的形象温暖可亲。这样一个于人类发展有着重要意义的工作怎么会是高危职业呢？对犯错误的学生施以惩戒，其方法也是丰富多彩的。学校是教育人的地方，教室是学生成长的家园，要给学生以安全感。

1. 惩戒学生的前提、环境

惩戒学生，是为了帮助学生认识错误、改正错误、获得进步。惩戒本身不是目的。

首先，惩戒学生的唯一前提是不损害学生的身心健康，即不伤害学生身体，不侮辱学生人格。身体损伤不必说，肯定不允许。“侮辱学生人格”的提法比较严厉，而且比较笼统，具体一点说，用不堪的词汇描述学生行为，辱骂学生（带有歧视性、脏话、粗话等语言），令学生当众出丑，曝光学生的隐私，对学生的长相外貌行为或家庭背景进行嘲讽等折磨学生心理和精神的一系列行为，可称之为冷暴力。

其次，执行惩戒必须有适宜的环境，这个环境需要师生双方共同营造。主要包括大家认可并能接受；家长信任和支持；班级风气健康。

2. 制定惩戒规则的原则

（1）公平公正。学生最关心的不是犯了错误要受到什么样的惩罚，而是这样的惩罚会不会公平地落到每个人头上。公平的具体表述就是两个人犯了同样的错误，要受到同等程度的惩戒。所以，具体怎么惩戒并不是最重要的，公平才是第一位的。

（2）公开透明。规则必须人人知晓，公开张贴于醒目位置，通过班会等形式解读。家长也需要了解规则，必要时将规则文本送达家长并收取回执。

（3）征求学生的意见。由学生自己制定、班主任修改的规则最有效。

（4）规则要明确具体，有可操作性。

（5）惩戒措施与违纪行为要有一定的相关度。学习上的、劳动上的、纪律上的违纪，其惩戒措施也多半在相关领域内。

（6）惩戒措施要一一对应。一项违纪行为有若干惩戒措施，制定规则的时候，一项一项来，班级发展到什么程度，出现了什么问题，需要制定就制定。

3. 执行惩戒的过程

（1）惩戒措施齐全，但能不用最好不用，能通过说服教育让学生改正错误，则不必实施惩戒。

（2）惩戒的面越小越好，要发挥有限的惩戒案例的警示作用，把惩戒学生作为一种教育资源。

（3）惩戒是一轮教育的终点，也是新一轮教育的起点；不是只要学生违纪，就一定要受到惩罚。教育的流程应该是：（反复）提醒在先，（多次）警告居中，最后惩戒，教育贯穿全程。所以，要在班级里建立预警机制，把"提醒"作为教育最主要的手段之一。发挥班干部的作用，设专人对学生的违纪行为进行提醒。事实上，只要前两步做得到位，可以消灭绝大多数的轻微违纪行为，把惩戒面压缩到最小，这样，执法的难度和阻力也就会降到最低。不得已惩戒了学生之后，要有配套的教育措施，包括谈话、激励、心理疏导、情绪安抚、制定改进措施、改正后的奖励等。这样可以发挥惩戒的最大作用。

（4）没有规则前的违纪行为不予追究。

（5）特殊情况下，不罚的效果要远远好于处罚。一旦处罚实施，即“我犯了错误，也接受了惩罚”，当事人虽然当时难受一下，但是，心理负担就此解除，因为“两不相欠”了。班主任要学会在适当的时候“网开一面”，当学生诚恳地承认错误并已准备接受一切处罚时，对他予以“特赦”，会让学生心存感激与愧疚，激励学生更好地表现。他总是要通过实际行动回报老师的信任。最大的惩罚是“心罚”，要学会让学生适度地受到“良心的谴责”，唤起学生的“羞耻之心”，这是最好的教育方法。

虽然“不罚”体现了教师的宽容、仁爱，体现了“宽恕”在教育人中的重要作用，但是其应用必须十分慎重，滥用“不罚”只会造成不公平、执法不力的结果。那么，在什么情况下可以使用呢？第一，案例具有特殊性、唯一性、不可比较性；第二，犯错误的同学亦有苦衷或不得已的理由；第三，初犯；第四，看对象，基于对学生的了解。

4. 一些常见的惩戒方式

（1）诫勉谈话：时间可长可短，一般不超过15分钟。“诫勉谈话”属于惩戒，教师态度应严肃，指出学生错误，责令其改正。

（2）公开批评谴责：在全班范围内对某种不良现象或行为进行公开谴责，明确表达教师的态度和立场，在班级里树立正气，对学生的错误行为有一定的震慑作用。

（3）停课反省：时间由班主任掌握。反省与谈话、写思想认识等措施配套。

（4）写500字思想认识。

（5）写500字思想认识并让家长签署意见。

（6）为班级做一件好事。

（7）为班级捐一本书。主权归自己，使用权归班级，离开班级时归还本人。

（8）下发《整改通知单》。

（9）公益劳动。

（10）自己商量惩戒方法。

（11）免于处罚：免于处罚也是一种处罚，要公开宣布。

5. 学生不接受处罚怎么办

在处罚前，必须仔细思考学生是否能接受。如果有疑问，宁可暂停，做好辅助工作，思想工作做通了，再执行惩戒。要让学生口服心服，没有怨言，最后家长还要感谢你。

学生不接受处罚，是对班级规则和班主任权威的挑战，一旦出现这种情况，会非常麻烦。最好的方法，是不要出现。仔细阅读一下前面的文字，包括惩罚规则必须可接受、公平公正执法、家长的支持、提醒在前、最大限度地缩小惩戒范围、对学生施以人文关怀，等等，这些都是惩戒得以顺利实施的保障。

总之，只有充分尊重家长与学生的意愿，切实提高班主任的个人业务水平，才能让家校联合之水流得更快更畅，才能形成强大的教育洪流，才能将学生培养成为道德高尚、学业精湛、实践能力强的祖国的栋梁。

谈谈惩戒教育的必要性

青岛西海岸新区第五中学　韦　锋

任何时代，没有惩戒教育，学生很难明事理。学生的成长道路上，不可能一帆风顺，在十字路口徘徊时，需要有人去指点、去帮助、去训导、去惩戒。教师就是这个人，应责无旁贷地承担起惩戒学生的责任，并通过适时、适度的惩戒，让学生明白“每个人需须对自己的行为负责”。在惩戒教育中，学生才能辨是非、知对错、懂权责。没有惩戒教育学生很难走向成熟。仅以“赏识教育”“爱心教育”“情感教育”等为中小学教育的主流，是不完整的，还需要有“惩戒教育”。如果说赏识是阳光，孩子在赏识的阳光下可以自信而快乐地成长，那么惩戒就是风雨，孩子在惩戒的风雨中才能学会承受挫折，接受磨练，从而超越自我，走向成熟。就算是当下欧美现代教育中，学校和教师也保有适当的惩戒权。比如在英国，教师可以像中国古代的私塾先生那样给学生来个打手心。在新加坡，对违规学生，还有施以鞭刑的惩罚。

因为时代的发展，我们国家现在的孩子大多数是独生子女，被家长视为掌上明珠，自己都舍不得动一个指头，不用说别人。孩子受了委屈，家长“捅”到学校甚至是教育行政部门，老师们就给自己惹下麻烦，使得老师对“惩戒”这种教育手段避之不及，以免引火烧身。“惩戒教育”渐渐式微，代之而起的就是“赏识教育”“激励教育”“快乐教育”了，“惩戒教育”甚至被认为是无能的表现。一些学校和教师之所以对少数学生不敢管、不敢问，一个重要原因就是某些偏执观念得以流行并成为一种评价标准，不断影响和渗透到学校教育的过程中来，使教育的舆论环境严苛有余，宽容和理解不足，这使得对学生的教育惩戒，成为教育者不愿为、不敢为的事情。快乐教育理念已经流行了很长一段时间，假若教育让孩子一味追求快乐，那无异于教唆孩子人生没有错误和挫折，这样的教育还是真教育吗？孟子说过，生于忧患而死于安乐。假若我们的快乐教育要把孩子们引向安乐而拒绝忧患，这样的教育会不会出问题？对于较为顽劣的学生，一味地赏识教育是不现实的，需要适当的惩戒，没有惩戒的教育也是不完整的教育。

一些媒体常常把权利意识强调到极致，对任何学校教育的手段和过程，都放到极端权利的天平上来衡量，对复杂教育过程的简单裁判，压缩着学校和教师正常的教育空间，连对学生的必要批评都让人顾虑重重。而这种情况造成的后果就是，校园暴力频发，学生犯罪率越来越高。

没有规矩，不成方圆。让孩子在成长的过程中，懂得为自己的过失负责。一个能承担责任的人，才是现代人。没有惩罚的教育是一种虚弱的教育、脆弱的教育、不负责任的教育。没有惩罚的教育是不完整的教育。过度的赏识教育让孩子的成长过于“甜腻”，缺少了硬气和责任。真正好的教育从来不是单一的，更多的是协调和融合。我们在提倡表扬、奖励、赏识的同时，也不应该忽视“惩罚”在教育中的积极作用。“若你不能使一个五岁的孩子把玩具从地上拾起来，你就不可能在孩子步入青春期这个一生中反抗最激烈的时期施行任何有成效的把控。”这句话值得家长朋友深思。好多家长抱怨孩子越大越不听话，越大越管不了，其实这都是缺乏有效的管教留下的“后遗症”。

2017年青岛市政府发布地方性规章《青岛市中小学校管理办法》（以下简称《办法》），《办法》提到，“中小学校对影响教育教学秩序的学生，应当进行批评教育或者适当惩戒”。据了解，这是全国或地方教育性法规中，首次提出“惩戒”的概念，引起舆论鼎沸。这是当前中国教育的一大进步。当然惩戒的基础是关爱。老师对学生的关爱是维系师生情的纽带，也是学生感恩老师的源泉，还是老师和家长和谐交流的情感基础。如果没有关爱，不管对学生施以什么样的惩戒都是对人的不尊重，对人身的侵犯。但即使在这种关爱下，惩戒也要讲究方式方法。及时、适度、有效是进行惩戒时的基本原则。

惩戒教育促进学生身心健康发展

青岛第五十八中学　褚　佩

一、惩戒教育是一种底线教育

复旦大学投毒案中案犯林森浩在接受记者采访时就曾万分遗憾地说自己没有接受过底线教育，后悔莫及。惩戒教育不足，学生步入社会后往往会有隐患。因此，我们必须重新审视惩戒教育的价值，重视其底线教育功能。当学生违纪犯错时，及时予以适当的惩戒教育，就会令学生明白并牢记：底线不容触碰，更不容突破！只有这样，学生长大后才会敬畏法律、严守规则。相反，如果学生违纪犯错时缺乏相应惩戒，他们就会因未受惩处而敢于一错再错，酿成大错。

二、惩戒教育是一种责任教育

勇于承担责任，自古就是一种受人赞扬的优秀品质。在现代社会，人与人、人与社会之间的联系更加密切，一个人的言行更容易对他人和社会产生影响。惩戒教育是责任教育的重要方式之一。通过惩戒教育，让学生认识到自己应该也必须要为自己的行为负责，从而在学生心中种下责任意识的种子。这颗种子会在不断跟进和不断强化的责任教育和道德教育的滋养下发育成长为一种担当精神。一个人具有了责任意识和担当精神，就会谨言慎行，具备很强的道德感和社会责任感。

三、惩戒教育也是一种挫折教育

现实告诉我们，任何人都会不可避免地遭遇各种挫折，如果缺乏耐挫品质，很难面对现实的不幸，在遭遇挫折时，往往会一蹶不振，或是误入歧途。比如有的人听惯了表扬的话，便听不得批评的话，产生心理扭曲、失衡，做出违背道德甚至是违法的事，学生中也并不少见，所谓的“问题少年”，有一部分就属于这种情况。因此，没有惩戒教育的洗礼，走到社会上，遭遇一些挫折时会出现各种问题。

四、惩戒教育还是一种公平教育

向往公平公正乃人之天性。在群体式的教育中，如果失去公平公正，教育就很难达到预期效果。而一个学生违纪犯错后却无须承担责任，对其他遵守纪律的学生来说是一种不公平。不公平存在，教师就不能树立威信，而没有威信，则虽令不从，更何谈教育效果！没有公平公正，不仅会导致教育无效，对于学生正在成长中的心灵来说是一种巨大而无形的伤害。因此，从维护教育公平和培育学生公平信念的角度来说，惩戒教育也是必不可少的。

五、惩戒教育的常用方法

1. 渐进式惩戒

对于一般性违纪，如果没有对班级和其他学生造成太大的危害，教师可以先口头警告；如果口头警告没有起到教育效果，可以再次与学生交流沟通，使学生认识到所犯错误及其危害，并写出书面保证；如果学生再犯，可以按照班级班规、校规进行惩戒。这种方式非常常用。比如我们班阿杰同学，大错不犯，小错不断，总是迟到、上课说话、听课不认真、乱扔垃圾、自习课无所事事、乱转笔、借东西、看闲书等，一而再，再而三，这就需要他写保证书，然后看其反省态度，效果一般。

2. 替代式惩戒

如果某种惩戒方式不适合某个违纪学生，经民主讨论，换一种适合这个学生的方式进行惩戒。比如某个学生身体素质比较差，对其惩戒的时候就应该充分考虑这个学生的特殊情况，改用其他恰当的惩戒方式，比如说唱歌、在班级里表演节目、打扫卫生等。

3. 档案式惩戒

将学生的违纪行为记入学生档案并限期改正。如果学生在规定的时间改正了错误，可以将惩戒撤销；如果不能如期改正，则记录在案，惩戒不予撤销。在一些屡教不改的孩子身上这一招确实很好用，比如班里的小崔同学、阿航同学、小贾同学，需要让他们对自己的行为负责，认识到自己的错误。档案式的惩戒条就很有作用，学生们有畏惧感。

4. 选择式惩戒

对于某种违纪行为，可以设置多种惩戒方式，提供给违纪学生自己做出选择。比如乱扔零食垃圾，可以让他选择打扫卫生、义务劳动等选项，大大减少了犯错的频率。

六、教育的后续问题

惩戒中的“惩”是手段，“戒”是目的。许多学校在对学生进行教育管理时，只重“惩”，而忽视了“戒”。对受惩戒学生往往只是一惩了之，后续教育没有跟上，“戒”的目的被抛在一边，从而使得惩戒的效果大打折扣。尽管有的违纪学生受处分后会知错改错，但也有不少不良行为已成积习的学生会无动于衷，把纪律处分不当一回事。因此，惩戒绝不是教育过程的终止，而是教育过程的开始。对受惩戒学生的后续教育需要做到以下几点：

第一，定期召开受惩戒学生成长促进会。通过这种形式了解学生的思想动态，以一定的纪律约束来引导他们健康成长，解除学生思想包袱，打消对立情绪，自觉自愿地配合学校和老师的教育。

第二，坚持联系人谈话制度。开展导师制，成长导师主动与受惩戒学生交朋友，从思想、学习、生活各方面关心学生，与学生进行深入的思想交流，引导他们改正缺点与错误；解开学生心结，排解其不良情绪，从而引导他们克服心理障碍。

第三，及时表扬。及时表扬是很有效的方法，比如我们班的小崔同学，他不愿意与老师交流，有些时候似乎还敌视老师，但后来发生的一件事情让我觉察到自己想错了：他只是缺乏沟通，没有机会跟其他人表达自己的想法；他还有些自我封闭，心理上存在或多或少的问题。作为老师，刚开始我对他使用强制做法，效果不佳，还有些抵触，后来一次自习课他看小说被没收后，主动来找我要回去，我们坐下来深入交谈了一次，感觉孩子内心很简单，他的眼里看到的是村上春树小说里的理想环境，很美好，反观社会现实，自己看不惯，想要改变却无力做到。他很有想法，看到他身上的闪光点后，我觉得可以让他担任班委，既可以锻炼他的沟通能力，还能树立信心。期中考试后，他做了纪律委员，班级纪律很不错，我表扬了他两次，他越来越自信，也愿意与老师们交流。看到他的改变，家长老师们都很欣慰，作为老师，我感觉所有的努力都是值得的。

第四，加强家校联系。教师特别是班主任主动协调好与家长的关系，赢得家长的尊重和理解，加强合作；通过与家长的沟通，充分、全面地了解学生过去的学习情况、生活情况、成长环境、性格爱好等；在学校教育与家庭教育之间建立和谐、有序的联系，促使两者相辅相成，共同完成培养学生的教育目标。比如上个月，我班一位同学大昊，不服从管教，找各种理由推卸责任，认不清自己的问题，顶撞老师，这就需要跟家长沟通好，教育孩子不是一味地溺爱，找到问题根源，纠正孩子价值观，孩子才能最大限度地走正确的路。

第五，建立申请撤销处分制度。由本人提出撤销处分的书面申请，经班级同学评议，班主任签署意见。通过这种方式鼓励学生积极改过自新，从源头上减少犯错误的概率。

我们在实践中对受惩戒学生的教育虽然取得了一些成果和经验，但还有许多问题有待于继续在实践中与同行共同探索。应做到有法可依，方法灵活多样，力求惩戒有力度，也有尊重和关心，让惩戒充满爱的温度，使惩戒变成爱的传递，便一定能达到以惩为戒的效果。

用爱与智慧照亮学生心灵

青岛西海岸新区第五中学　于　强

曾听过这样一个故事：一把坚实的大锁挂在大门上，一根铁杆费了九牛二虎之力，还是无法将它撬开。钥匙来了，它瘦小的身子钻进锁孔，只轻轻一转，大锁就“啪”的一声打开了。铁杆奇怪地问：“为什么我费了那么大力气也打不开，而你却轻而易举地就把它打开了呢？”钥匙说：“因为我最了解它的心。”每个人的心，都像上了锁的大门，任你再粗的铁棒也撬不开。唯有进入别人的心中，了解别人，才能把它“打开”。

面对违纪学生，尤其是还顶撞老师的学生，咱们老师的一般做法是劈头盖脸地训斥一顿，甚至于让学生写检讨书或叫来家长一起“批斗”，通过一定的教育惩戒手段来达到教育的目的。我以前也是这样做的，可是，后来发生的一件事让我有了新的认识和思考：仅仅依靠教育惩戒是无法达到“润物细无声”的那种教育效果的。

一天晚自习，我听见小肖同学正在大声说脏话骂人。小肖同学是体育生，在很多人眼里是个调皮捣蛋、不听管教的“问题学生”。我的火“噌”地上来了。我猛地推开门，指着小肖大声说：“你给我出来！”或许因为我当着全班同学大声呵斥他让他感觉很没面子，他出来后一副满不在乎、很嚣张的样子。但当时我正在气头上没考虑那么多，仍然大声地说：“你在干什么？你不知道已经上课了？你又骂又闹不会影响到班里同学学习？还骂得那么难听，像个高中生吗？”他把头扭到一边去，也不吭声，很不服气的样子。我又追问他：“你怎么不说话？我说的不对吗？”他用一种很生硬、很不耐烦的语气说：“你都说完了，我还说什么？”听了这话，我知道如果谈下去也不会有什么好结果，不如先让他先回去。

回到办公室，我自己在想：怎样才能让小肖“心服口服”呢？是不是我“盛气凌人”的态度一开始就将他拒之千里之外，“大声呵斥”导致谈话充满“火药味”，而“冰冷生硬”的语言又让他失去了说话的欲望？或许我把自己的态度缓和下来，寻找一种他愿意接受的语言可能会打开“心锁”呢！

课间我把小肖叫到办公室，说：“小肖，你看你长得仪表堂堂，怎么可以满口脏话，这和你的形象太不相称了吧？”听了这话，他尴尬地笑了。一看“有戏”，我打铁趁热，接着说：“你长得这么高大威猛，运动会上没有参加什么项目吗？”他答道：“我参加了800米。”

“800米跑起来可很累，不过我看你没问题，肯定给班级赢了不少荣誉吧？”

“嗯，那可是。我跑的时候，班里的同学都给我助威呐喊呢，连不认识的同学也给我加油呢！”

谈到这里，他的情绪已经慢慢冷静。也许因为说到运动会的原因，他还有点“眉飞色舞”和“手舞足蹈”。我觉得是时候谈谈“大道理”了：“小肖，你觉得运动会上同学们为什么会给你加油呐喊？”“因为我给班级争了光啊！”小肖自豪地说。“那你刚才在教室里那样，不仅不利于同学之间的团结，而且还损害了你在同学们心目中的形象！你觉得同学们还会一如既往地为你加油呐喊吗？”他脸色一红，轻声说：“不会。”我又接着引导：“你这样做让其他同学怎么看你？”他低下头羞愧地听着，脸上流露出诚恳的悔悟的表情。我又趁机鼓励他树立远大目标努力学习。随着我和他谈得越来越投入，他的“心锁”慢慢被打开，最后甚至说：“我要考上大学，好好孝顺父母。”

和小肖聊完后，我恍然大悟：原来教育是需要爱与智慧的。简单粗暴的教育惩戒会将学生拒之千里之外，或许正是因为老师还没有走进学生的心灵。如果我们能像医生看病一样，“望闻问切”，找准“病因”，就能“对症下药”。作为老师，不能仅仅将教育惩戒作为教育“武器”，唯有用爱与智慧，把自己变成一把细腻的钥匙，才能进入学生的心中，照亮学生心灵。

教育本身意味着用一棵树摇动另一棵树，一朵云推动另一朵云，一个心灵唤醒另一个心灵。如果教育未能触及人的心灵深处，它就不成其为教育，因为教育是有智慧有灵魂的教育。教育本质上是一种心与心交融的艺术，真正成功的教育应该是深入学生内心的教育！

“直升生”的德育

——优等生与教育惩罚

青岛第五十八中学　江慧妮

什么是直升生?

直升生其实就是高中自主招生，是对中考制度的一种补充。虽然中考是目前最公平的一种选拔方式，但选拔出来的学生并不是最全面的。考上高中只能证明这些学生在学习上单方面具有一定能力，掌握一定学习方法，是相对优秀的学生，但只能反映学习这一个方面，这种方式选拔学生有不足、有缺陷，所以才有了“直升生”一说。

直升生有什么优惠呢?

直升生可以绕过中考这道坎儿，只要通过相应高中学校的直升测试就可以直接升入高中。对于青岛竞争激烈的中考来说这不失为一条捷径。直升生招生最先从青岛二中开始，现在青岛一中、青岛二中、青岛九中、青岛五十八中四所学校从各初中招收300名直升生，选拔出来后，学校还会制定特别的培养方案。未被直升录取的学生，第一志愿须报考同一高中学校，享受指标生待遇。

2010年秋，我带高一2班的班主任，这是我校高一年级两个直升班之一，它集中了各初中学校的优秀学生共50人。

机灵、活泼、聪明、懂事、上进、乐观等我们可以用在孩子们身上的表扬都能从每个孩子们身上体现出来。五十八中是岛城一所重点寄宿制高中，对于高中生活的适应，却让大多数初次独立生活的孩子感到困难，面对他们的迷茫，我用“赏识教育”和“教育惩罚”两个有力工具帮助他们度过了高一的第一个月，尔后的养成教育中我并不一味地赏识他们，而是奖罚分明，也确实收到了很好的效果。

教育惩罚是指对个体或集体的不良行为给予否定、批评或处分，旨在制止某种行为的发生。惩罚与奖励相对，从教育伦理上说，惩罚不一定意味着不尊重，而不惩罚不一定意味着尊重，在“尊重与要求相结合”原则下，我对本班同学严格要求：如坚持跑操，这是一项磨炼意志、锻炼身体的有益活动。对于有意缺旷者，我要求他（她）绕体育场跑2圈，屡犯，则以翻倍的形式加圈。又如违反班规、校规者，也要进行严厉批评，并写出至少500字的检查，内容有时间、地点、事情的详细过程以及事后的反思和错误的惩罚，学生签名、家长签名和班主任签名。在“赏识教育”这一方式逐渐成为教育时尚的今天，我认为惩戒依然有它存在的必要，也是别的教育手段无法替代的，直升班的孩子虽然很优秀，但在现实生活中，人非圣贤，都有可能获得成功与赞赏、遭遇失败与惩罚，这样才能让他们体会到生活的真实感，磨炼坚韧的心性，而不是成为温室中的花朵。更何况，我班的学生个性很强，若没有一定的纪律约束和适当的教育惩罚，那么作为学生，他们可能会失去道德品质发展方面的一次重要机会，而老师则失去了为人师者的育人责任。所以当他们由于自己的言行错误而受到惩罚时，我从来不会怜惜，犯了错误就应该受到惩罚，这是我育人的一个原则，也是全班同学从开学初就明白的一个道理。通过惩罚，使学生从缺点和错误中吸取教训，也更能促进他们去反思，从而真正学会对自己的行为负责。

但对优秀学生的惩罚，我们还更应注重方法和方式。因为这些学生自尊心强，从小到大的“赏识教育”要多于“教育惩罚”，所以要“先教后罚，罚得清楚”“尊重是第一位的”“公正，一视同仁”“有针对性”，这些都是我们必须注意的。

一节晚自习，学生因说话扣掉2分，第二天，我先找纪律班长了解情况，大体知道是因为学生有默背的习惯，且嘴巴在一张一合，而恰好被值班学生看到，叫出，说他说话，学生争论不服，拒签，所以扣班级量化分2分。了解了情况，我将此名学生叫出，询问昨天晚上的事情，学生出来后仍然很激动，以为我和检查学生站在一边，面红耳赤地朝我解释，等他说完，我只问了一句话，“你能亲自把昨天晚上的事情跟我说说吗？我想听听你的说法。”学生脸红了。了解后才发现原来他是真的没有说话，所以出来后很憋屈，越说越激动，因此和检查人员争论了起来，而且拒不签字。原因弄清楚之后，我和他将整件事情从头到尾分析了一下，并告诉他，道理需要双方的沟通，在双方都激动的情况下只会将事情弄得更糟，让自己的心情也变得更糟。道理通了，他也笑了。事后，我说你回去写一篇文章《木桶原理给我的启示》，后来这篇文章还在班会上做了班级交流，我也是重在培养学生的这种品质，听人把话说完是对别人的一种尊重，也是自身素养的一种体现。

其实在培养学生道德品质方面，我们往往把重心放在那些学习较差、特别调皮和不听老师话的学生身上，而忽视了那些较遵守纪律尤其是学习较优秀的学生。实际上，“乖学生”和“好学生”更有可能出问题。

现在有一种“前十名现象”在教育界引起了广泛关注。研究人员跟踪调查了上千名中学生，结果发现考试成绩前几名、老师非常喜欢的学生，在参加工作后，并没有保持这种优势或做出什么突出的贡献和成就。相反，班里十名左右甚至更靠后的学生却有着意想不到的巨大潜力，他们往往后来者居上，在工作以后脱颖而出，建树颇丰。这种现象涉及我们教育评价体制的根本，那就是我们要培养什么样的学生？怎样评价学生？成绩好、听话的学生将来就一定能成为栋梁之材吗？知识以外，我们还应教给学生什么？作为教育工作者，这确实值得我们仔细研究。

其实在我的班里，会遇到这样一些学生，学习成绩很好，但就是很自私，对学习绝对是百分之百认真、投入，对集体的事则毫不关心，属于“觉悟低”这一类的，其中有些学生对自己分内的事，如值日、扫除还能勉强应付，另一些学生连对集体最基本的义务都不愿履行，对集体的活动和班内的日常事务更是袖手旁观，仿佛他来学校的唯一目的就是学习，考好成绩，只要成绩好就是一切。让这样的学生利用学习上的优势去帮助其他同学更是难上加难，很难想象以后他会同他人进行良好的沟通与合作，也就很难融入社会中，成为和谐社会建设的一分子。所以对于优生，德育方面的教育更是不能掉以轻心，我们不希望出现“有才无德，马加爵式的学生”。

总而言之，惩罚具有教育意义，不论对优秀学生还是别的同学。合理使用这种教育方式，我们可以做很多事情，但笨拙的不合理的惩罚会使我们的工作受到损失。作为一名直升班的班主任，作为一名教书育人的教育工作者，我们应对教育惩罚具有理性的认识，同时更多地去关注优生的德育管理，让我们的教育事业走向真正的成功。

惩戒教育之我见

青岛第五十八中学　刘加宝

苏联教育家马卡连柯指出："正确地和有目的地使用惩戒是非常重要的，但是笨拙地、不合理地、机械地运用惩戒会使我们的一切工作受损失。"惩戒教育主要是通过实施批评、处罚的手段使受罚者感到痛苦，但又不损害其身心健康，从而使其认识并改正自身过失的一种教育方式。惩戒教育是教育不可缺少的组成部分。教育需要惩戒，只要家长、教育主管部门、学校、教师的惩戒是合理的，惩戒的方式是科学的，在不伤害孩子身心健康的前提下，适当惩戒对孩子有百利而无一害。这一点，不仅教师要认识到，社会尤其是学生家长更应该认识到。只有在保留了适度惩戒的教育里成长起来的孩子，才真正能够成为一颗茁壮成长的大树。

赏识教育与惩戒教育不是对立的双方，而是相互促进的整体。任何把二者孤立起来的做法都是片面的，合理处理二者之间的关系更有着深层意义。老师和家长都有一个共同的心愿，那就是希望把孩子教育好。但老师在教育孩子时很矛盾，有的老师怕惩戒学生时因把握不好"度"而犯错误，所以对难管的学生总是抱着想管但又不敢管的矛盾心理。教师谈"惩戒"色变，投鼠忌器，唯恐戴上"体罚"的高帽。其实，这大可不必。只要教师把握好"度"，就完全能够行使好教育惩戒权，发挥其警示、教育和激励的功能。适度的教育惩戒能让学生分清是非善恶，改正缺点和错误，学会承担自己不良行为带来的后果。而过度的惩戒会给学生造成不良影响甚至危害，特别是心灵上的创伤。这容易导致学生"破罐子破摔"的心理，甚至会产生与教师对着干的逆反心理。所以教育惩戒要把握一个度，惩戒与教育中的师生应平等、民主。那么，班主任老师如何才能更好地发挥惩戒教育的作用呢？根据近几年的工作经验，我觉得要讲究惩戒的艺术应该遵循以下原则。

一、惩戒要以爱心为前提

教育者对孩子必须有满腔热忱的爱，而且易于被孩子觉察。有些教师虽然严格，但仍受到孩子的爱戴，那是因为孩子们能体会出教师心中的爱。教育的艺术是爱的艺术，作为教育手段之一的惩戒，与体罚截然不同。如果说一个教师要惩罚考试成绩差的学生，是因为这个学生的考分大大地拖了全班平均分，影响了教师的个人业绩，那么，无论这个教师采用何种教育手段，都是错误的。因为在这个教师眼中，学生只是挣分数、实现个人目的的工具，他对学生缺少关爱之情、扶助之心。

二、惩戒要坚持因材施教

惩戒要讲究艺术、技巧，要因人施惩。能被孩子接受的惩戒教育方式，必然是能针对学生实际、走入学生心灵的方式。而现实当中，我们的教育者习惯采取简单的“表象惩罚”的教育方式，结果往往适得其反。教育者应该针对孩子不同的情况做深层次的分析，找到学生犯错的原因，从对孩子负责、有利于孩子成长的角度去设计惩戒教育方式，力争实现对孩子错误的有效矫正和对孩子成长的真正促进。比如，同样是犯一种性质的错误，可以对缺乏亲情的罚写一封家书，对不爱体育活动的罚跑步，对不爱阅读的罚朗读一篇美文等等。

三、惩戒要有分寸，合理合法

合理就是惩戒有因，充分考虑到孩子的承受能力；合法就是教师在实施教育惩戒权的同时，必须切实尊重和保证孩子的隐私权和家长的监护权。有的教师因为学生犯错就惩罚家长，有的教师用罚款代替惩戒，有的教师让有偷窃错误的学生公开亮相，让早恋的学生张贴检讨书，等等。这些惩戒教育方式都是不合分寸的，也是极容易引起学生反感的。

四、惩戒要尊重学生的人格

有的学生被老师当众批评，回去后容易做出一些过激的行为；有的学生被老师当众羞辱，反而知耻后勇，走上了成功之路。同样的惩戒却有不一样的结果。因此，惩戒学生一定要尊重学生的人格，注意根据受惩者的性格因素、身心特点的差异进行惩戒，只有基于尊重的惩戒，抱着爱学生的态度对犯错误的学生的惩戒，才是学生能接受的惩戒。

五、要设计学生易于接受的教育惩戒情境

让学生从中获得“良性刺激”，应注意三点：一是情境与学生所犯的错事相结合。例如，对字迹潦草的学生，设计“临帖”的情境，而对打架伤人的学生，设计“送伤者上医院”的情境。二是情境中应设计一个能激起学生内心适当的矛盾冲突的环节，让学生在冲突中产生愧疚之情，反思自己的过错，从而获得警示和教育。三是在惩戒情境中辅之以教师的引导。只实施惩戒而不进行引导，效果可能会适得其反。一次，我对乱扔纸屑的学生设计了“代理卫生委员”的惩戒情境，意在教育他爱护环境卫生，尊重他人劳动成果。谁知事后那学生却对朋友这么说：“卫生委员不是人干的。”由于缺乏正确的引导，学生的认识产生偏差，不仅没有认识到乱扔纸屑的危害，反而产生了对“卫生委员”这个职位的误解。

总之，把握“度”是成功实施教育惩戒的关键。“度”的把握，是一门艺术，需要大家一起去创造。

浅论惩罚教育在班级管理中的有效应用

青岛第五十八中学　王代春子

我国青少年研究中心副主任孙云晓曾说：“没有惩罚的教育是一种不完整的教育，是一种脆弱的不负责任的教育。”合理的惩罚是教育的一部分，他教给学生明辨是非，认识到自己的错误并加以改正，不在同一个地方再次“跌倒”，从而找到前进的方向；有助于锻炼学生意志，提高抗挫折能力，培养承担错误的勇气和责任感，形成健全人格，达到让学生身心健康、逐步成长为有智识公民的教育目的。

但惩罚不能代替教育。教师要做到惩罚有理、罚之有度、罚之育人。著名的教育家陶行知先生曾对教师说过一句名言：“你的教鞭下有瓦特，你的冷眼里有牛顿，你的讥笑中有爱迪生。”无论多么顽劣的学生，只要我们采取适当的方法，都可以帮助他们重新树立自信。

一、惩罚教育的前提是爱和尊重

鲁迅说：“教育根植于爱。”惩罚教育的目的不是改造人而是教育人、培养人、塑造人和唤醒人。当同学犯了错，要惩罚他，不管采用什么样的惩罚措施，尊重和爱是不能丢弃的首要前提。通过和同学的对话沟通，尝试让他感受到老师对他的关怀。

二、惩罚要有章可循

1620年11月11日，经过在海上66天的漂泊之后，一艘来自英国的名为“五月花”的英国大帆船向美洲陆地靠近，船上有102名乘客。在上岸前，船上的41名成年男子讨论着如何管理未来的新世界的问题，依靠领袖的权威？军队的威力？还是国王的恩赐？他们要将这个问题弄清楚之后再上岸。经过激烈的讨论，最后，为了建立一个大家都能受到约束的自治团体，他们决定共同签署一份公约，这份公约是新大陆移民重要的政治性契约，后世称为《五月花号公约》。在这艘船上的大多是囚犯、清教徒等渴求自由的人，却在登上新大陆之前建立公约并立誓坚决遵守。

我在讲美国的诞生的时候，借着《五月花号公约》带给同学们的思考，号召建立班级的班规。通过制定详细严密的班规并明确相应的惩罚措施，让同学们有集体归属感，让学生认识到，惩戒不是来自教师的个人要求而是全体的集体意愿。

三、惩罚要讲求艺术

英国的皮亚丹博物馆收藏了两幅画，一幅是人体骨骼图，一幅是人体循环图。谁能想到，这竟是一个闯了祸的小学生的作品。当年，小学生麦克劳德出于好奇心，想看看狗的内脏是什么样的，就杀了一只狗，谁知这只狗恰巧是校长的宠物。校长决定给他以惩罚，罚他完成上述两幅画。麦克劳德后来成了著名的解剖学家。校长极具激励性质的惩罚举措，促使了一个优秀人才的诞生。

这更让我看到了惩罚的艺术性。惩罚应该注意度的把握和方式的灵活。度是指惩罚时要适度适量，不能不顾及学生的尊严，惩罚时要避免过轻，太轻会起不到警告作用，反而会起鼓励作用，让犯错人认识不到错误的严重性；惩罚应避免过重，过重就会失去公平原则，并且会激发逆反心理；惩罚要适量，要就事论事、恰如其分，这样才有助于取得良好的教育效果。惩罚教育的出发点和目的是让儿童认识到自己的错误，并能改正错误，而且以后不会犯同样或类似的错误，起到惩戒自己、树立纪律并且对自己的过错负责的作用。

1922年7月4日美国国庆日前夕，一个11岁的美国男孩得到了一些禁用的烟花爆竹，包括一种威力巨大的鞭炮，叫做“鱼雷”。一天下午，他走近一座桥边，朝桥边的砖墙放了一个“鱼雷”大鞭炮。一声巨响，让男孩神采飞扬。可就在这时，警察来了，把他带到了警局。警长尽管认识这个男孩以及他的父亲，依然严肃地执行对烟火的禁令，罚款14.50美元。这在当时可算是一笔大钱，男孩自然交不起，只好由父亲代交。爸爸说：“罚款我先替你交上，但这钱是我借给你的，一年后还。”在接下来的一年里，这个孩子擦皮鞋、送报纸，挣回了14.5美元还给父亲。这个孩子就是美国的里根总统。这是他在回忆录中写到的一个故事，他说正是通过这样一次惩罚，让他懂得了什么是责任，那就是为自己的过失负责。卢梭说：“我们不能为了惩罚孩子而惩罚孩子，应当使他们觉得这些惩罚正是他们不良行为的自然后果。”这也许就是自然惩罚的要旨和必要。

四、惩罚中应遵循的原则

（一）适时沟通

苏霍姆林斯基在面对一个四岁小女孩摘花时，并没有上前责骂，而是俯身询问小女孩摘花的原因，得知是送给正在生病住院的奶奶时，苏霍姆林斯基不仅没有责怪小女孩，而且还奖励了一朵花给小女孩的妈妈，赞扬小女孩妈妈的教育方式。这样的教育方式不仅没有错怪孩子、伤害孩子的自尊心，而且起到了教育的作用。这个案例让我特别受到触动，因为当班主任年限越长我们会越相信自己的眼睛和固有的思维，但是这种盲目的自信影响了我们对于事情的判断，我们对于事情判断是否得当直接影响了我们的处罚是否合理，因而影响到处罚的效果和同学的感受，因此一定要进行适时的沟通，让学生充分表达。

（二）公平公正

惩罚教育实施不当常常会有副作用，使学生心生抱怨，滥用惩罚不仅没解决问题，反而使学生心灵受到伤害，这也要求我们在实施惩罚时要有一定的原则。对犯错误的学生要惩罚就应当一视同仁，不能有的学生罚了，有的视而不见。对同样的错误要用同样的惩罚，不能前轻后重，厚此薄彼。同时也要注意，惩罚是否定学生的不良行为，而不是否定学生本人。

（三）及时疏导

我在工作中出现过偏差。有一次在惩罚了一个学生之后，没有及时和他沟通，反而使得他渐渐远离了我，这种惩罚是一种失败的惩罚。

学生被惩罚后一定会产生压抑和自卑，因此老师在惩罚后要做好善后工作，主动多走近学生，进行推心置腹的交谈，多关心学生的学习与生活，让他感觉到我们是真心为他好，而不是在排斥他。那么，他会更好更快地纠正不足之处，取得令人惊讶的进步。如有改进也要不吝表扬，让他感受到自己的进步。

（四）及时惩罚

俗话说，“打铁要趁热”，惩罚教育也一样。学生在发生错误行为后，应及时进行惩罚，这样由“惩罚教育”所带来的负疚、羞愧心理就能迫使学生的错误行为及时得到终止。如果时间长了，则会在一定程度上使其淡忘了错误行为，惩罚就不容易接受。

（五）家校合力

时代发展之下，由于一些家长对学生过度呵护与溺爱，以致教师对学生进行合理的行为规范教育，家长也会加以指责，不辨是非地全力维护学生，让教师面对来自学校与社会的压力。在这种情况下，教师只能放弃合理的教育手段，可是如此的教育是缺失的，因此教师还要承担教育家长的责任，在进行惩罚犯错学生之时应该争取理解，与家长密切配合，家校共同协力，促进孩子身心健康成长。

教育不仅是一门科学，而且是一门艺术。惩罚教育更能体现教师教育的艺术和水平，我们需要运用合理的手段，将惩罚教育作为班级管理中的有力助手，促进学生的健康成长。

实施适当惩戒教育的价值与策略

青岛市城阳第一高级中学　陈颖洁

现代西方心理学家、新行为主义的代表斯金纳认为，行为随着其后的及时的结果变化，愉快的结果强化行为，不愉快的结果抑制行为。赏识和惩戒都是利用这一原理针对不同的教育情境采取的不同的教育方式。惩戒就是要对学生的不当行为施以不愉快的结果，以抑制其不当行为的一种教育方式。教育中实施适当的惩戒对规范学生行为，帮助其树立正确的人生观、价值观起重要作用。实施适当的惩戒更有利于培养学生艰苦奋斗的精神；对社会的和谐、稳定和发展也是至关重要的。

教育惩戒古已有之，有教育活动就有教育惩戒，其已作为教育的重要一部分。中国的惩戒教育源远流长，从西周的“学在官府”到清代的私学盛行，再到民国时期的大中小学，无一例外地主张从严治教，惩戒至上。“养不教，父之过。教不严，师之惰。”惩戒在教育中是必不可少的利器，而这样的利器却成了当今教师心中深深的痛。

前段时间接到一个亲戚的电话，向我哭诉女儿如何难以管教。我当场愣住，在我印象里他家闺女一直是聪明伶俐、阳光可爱的模样。现在的情况是从初中开始叛逆，无心学习，玩手机成瘾，不让玩就绝食，还结交了一帮不三不四的网友。更让人不能接受的是，她觉得身边认真努力的同学都是傻子，打架斗殴跟老师对着干的才是英雄。这是“三观”出现了严重的偏差呀。我问他这种现象从什么时间开始出现的，刚刚出现的时候家长是怎么处理的。亲戚说女儿升初中的时候见周围同学大部分都有手机，就给她也买了一部，一开始在规定时间内可以看，后来女儿渐渐在规定时间以外也玩。他一制止，女儿就哭，然后他就做出让步，就这样逐渐演变成管不了，强管就绝食，家长干着急也没办法。我想，他家现在这种局面的形成，家长负有不可推卸的责任。这个过程其实就是父女间的一场对决，女儿不断试探父亲的底线，父亲每一次的让步都是女儿挑战的成功，就这样女儿一路凯歌战胜了父亲，父亲在这场对决中彻底失去了主动权，失去了威严，失去了实施惩戒的最佳时机，以至于女儿走上歪路而束手无策。作为一名教师，身边这样的例子举不胜举，尤其是农村地区更为严重，一些地区因为经济的飞速增长，从简单的衣食无忧一下子到了物质条件优越，家长们瞬间失去了奋斗的方向，认为孩子以后的生活也得到了充分的保障，所以索性放弃管教。更有甚者，家里的突然暴富使得全家极度膨胀，认为孩子在校无论做出什么过激行为，都可以用钱解决，但是不能惩罚自己的孩子，丢了面子。这就出现了某镇级中学教师被学生殴打致残，却一直得不到学生及家长的公开道歉这样的现象，呜呼哀哉！类似事件的频发，使得很多在校教师不愿或不敢惩戒学生，班级管理工作得过且过，对学生的一些不良行为睁一只眼、闭一只眼，只要不出大事即可。长此以往，在这种环境下培养出来的孩子又怎能肩负起建设祖国的重任呢。

所以，我们要研究教育本质，琢磨教育方式，赏识和惩戒应并重。在教育活动中必须实施适当惩戒。

当然，实施惩戒应该把握好尺度。

首先，惩戒不能伤害学生的身心健康。当众辱骂、拳打脚踢等不可取。

其次，惩戒应因人而异。罚站、罚写检查、罚打扫卫生等并不是适用于每个学生的，可以根据学生特点采用不同的方法，切忌冲动。很多恶性事件的发生都是因为师生情绪过于激动发生的，所以遇到事情时，老师首先要冷静下来，把事情搞清楚，理清思路，想好方法后再处理。

最后，一定要关注惩戒后的效果。通过观察学生被惩戒后的表现，总结实施方法的有效性，如果效果不好应该再想其他办法，如果效果不错可以总结为成功经验，为以后的工作储备资源。

例如，几年前我班有个男生在家很娇惯，在学校也时常表现出各种骄纵情绪。有一次物理课上，老师已经开始上课五分钟了，他突然踢门而入，目无旁人地走到座位上。物理老师非常生气，让他出去，他不服，两个人差点起了肢体冲突。我得知后，把他叫到办公室，询问事情原委。他情绪很激动，说自己心情不好，说老师凭什么让他出去，我想跟他交谈，但是他完全不想听。我就放弃交谈而是让他站在我旁边，看着我备课、批作业。这样过了将近20分钟，他突然说“老师你还没忙完呀”，我笑笑说：“你冷静下来了？”于是我们开始心平气和地谈话，他将事情经过和自己的想法都告诉我，我给他分析事情的起因和后果，我告诉他星星之火可以燎原，他的踢门而入就是星星之火，当然物理老师的处理也有些欠妥。后来他主动找到物理老师诚恳道歉，并且在毕业以后还提起此事，觉得这件事对他的改变很大，我想这就是教育成功的案例。

教育是世界性课题，也是难题，我们不能为了标新立异就放弃传统，盲目赏识，一味追求快乐教育。实施适当的惩戒，才能更好地教书育人，为实现中华民族的伟大复兴输送优质人才。

公约化管理，自主惩戒——浅谈高中班级管理

青岛西海岸新区第五中学　丁万栋

近年来，随着素质教育的广泛推进，赏识教育、激励教育逐渐占据了教育手段的主导地位，原本占有重要地位的惩戒教育渐渐被搁置。在惩戒教育走向极端化的今天，如何对待惩戒教育已成为家长、学校和社会所关注的热点和难点问题。本文通过浅谈惩戒教育的作用和误区，积极探索惩戒教育方法、如何使惩戒教育发挥应有的作用等问题，总结了如何使惩戒教育更有效的做法。

一、惩戒教育的作用和必要性

纵观古今，教育本应该是一种轻松而愉快的社会活动，但由于在教育的过程中学生经常出现这样那样的问题，犯下各种错误，例如，打架斗殴、沉迷网游、扰乱课堂秩序、影响他人学习等现象，因此教育惩戒是必不可少的，在我国的教育历史上，“戒尺”“教鞭”曾发挥过一定的作用，曾让那些顽皮的孩子弃“恶”从善，让那些桀骜不驯的学生变得知书达理，“严师出高徒”成了学艺者的忠实信条。故惩戒教育是学生成长过程中必不可少的，它能起到赏识教育所达不到的效果。《论语》中“温而厉，威而不猛，恭而安”的教育观点，是惩戒教育的最高境界。如果教师对违纪的学生一味宽容，不给予惩戒，他们也将会更加放纵。教师应该从一个班级管理者的角度出发，不仅体现出对学生的爱和关怀，更要合理地选择惩罚的力度，使犯错误的同学认识自身错误的同时，又不至于师生之间产生不愉快或矛盾。因此，教师在班级管理过程中实施惩戒教育一定要讲究方法

以及惩戒的力度。

二、惩戒教育的误区

1. 惩戒教育是学生与家长的误区

众星捧月般的家庭生活滋长了一些孩子“唯我独尊”的霸气，娇生惯养的生活方式扼杀了孩子的适应能力。面对家庭中的“小公主”“小皇帝”，家长们说不得、骂不得，更是打不得。在学校生活中，当孩子受到老师的严厉批评时，孩子受不了，家长不理解，更有甚者会以法律来要挟老师，对学校兴师问罪。

2. 惩戒教育是老师的误区

一方面，在“严禁体罚或变相体罚学生”的高压线下，教师把惩戒教育视为禁区，不敢越雷池半步，对“问题学生”不敢管、不去管也不愿管；另一方面，对“问题学生”恨铁不成钢，教育方法简单粗暴，进行体罚或变相体罚，出现“以罚代教”“以罚代管”的现象。

3. 惩戒教育是学校的误区

在生源日趋紧张的形势下，“学生就是上帝”“留住学生就是留住财富”已经成为招生难的学校的价值取向和思维定势。在“取消留级制度”“学校不能轻易开除学生”的教育形势下，学生似乎成了教育产业中的“免检产品”，“迁就学生”是许多老师和学校的无奈之举。

三、班级公约化管理和自主惩戒

面对惩戒教育的三大误区，教师在惩戒教育过程中，必须掌握好分寸，尤其要防止负面影响，做到宽严适度。2017～2018学年度，我校各班级在学校政教处的指导下实施班级公约化管理和惩戒教育的探索，取得了一定成果。

（一）班级公约化管理与惩戒教育的指导思想

1. 惩戒教育与赏识教育、激励教育同步进行

要让学生在赏识的阳光下，自信而快乐地成长，让学生在惩戒的风雨中承受挫折，学会坚强，走向成熟，从而使学生心理更健康、人格更健全。

2. 惩戒教育要以不伤害学生身心健康为基础

在实施惩戒教育时，要从关爱学生出发，不以泄私愤而惩戒，不以惩戒为终极目的。否则，学生会产生逆反心理，甚至产生学生顶撞老师的现象。

3. 惩戒教育要赢得家长的理解与支持

惩戒教育要及时与家长沟通，在沟通中消除误解，在理解中达成教育共识，让家长知道惩戒教育的重要性和必要性。

4. 实施惩戒教育要把握一定的度

惩戒教育要因材施教，做到刚柔相济、张弛有度。要根据事情大小、学生年龄特点和心理差异性情况等方面进行惩戒教育。

5. 在惩戒教育之后，要做到不放弃、不抛弃，反复抓、抓反复，及时与学生进行思想沟通，引导他们尽快走出惩戒教育的阴影，帮助他们树立自信心

（二）班级公约化管理和惩戒教育的流程

1. 成立班级惩戒小组指导委员会

由学生推荐聘请2名老师与班主任以及2名家长委员会成员共5人成立班级惩戒小组指导委员会，指导监督惩戒小组的活动。

2. 组建班级惩戒小组

由全班学生民主选举产生班级惩戒小组成员5名，负责对班级违纪情况进行通报并提出惩戒措施，每周末汇总上报班级惩戒小组指导委员会。惩戒小组组长实行轮流负责制，分别对纪律、学习、卫生、“三操”、住宿等方面对全体学生管理惩戒。

3. 制定管理公约

由全体同学参与制定班级管理公约和宿舍管理公约，公约制定后，由

家长委员会负责在班级家长微信群中学习讨论，提出建议，修改通过后，全体同学签责任书，作为惩戒教育的第一依据。

（三）学生惩戒教育的方法

1. 自我惩戒

当学生犯错较轻时，例如早自习迟到，由惩戒小组下发温馨提示，让其自我反省教育并书面写出自我感悟，小组存档。

2. 体验惩戒

学生犯错后，为学生创造亲身体验机会，促其换位思考。例如随手乱扔垃圾，让其担任卫生监督员一天，体验乱扔垃圾的害处。

3. 为犯错承担责任与自主选择惩戒

学生犯错时，引导学生勇于承认错误，敢于担当，并自己根据所犯错误，选择惩戒的方式和场所。

4. 学校惩戒

学生犯严重错误，例如打架、夜不归宿等，学生惩戒小组处理不了，交给学校政教处，按学校违纪处理规定处理。

5. 建立学生成长档案

利用成长档案记录惩戒过程，召开主题班会，每周一小结，每月一大结，学期末详细总结，作为学生评优树先的重要依据。

通过施行公约化管理和惩戒教育后，绝大多数学生自觉遵守学校和班级的规章制度，自我要求明显提高，积极争当先进，形成了老师和学生齐心协力、共创佳绩的班风学风。

涓滴不塞，汇成汪洋；两叶不拔，将用斧柯。放弃惩戒的教育是一种片面的教育，进行体罚或变相体罚的教育更是一种违法的教育。在人类社会不断进步的今天，只要我们牢固树立“以人为本”的教育理念，“关于惩戒教育的问题”必将迎刃而解。

教育惩戒需要爱与责任伴航

青岛西海岸新区第五中学　郝爱学

每每谈起教育的手段，我们要么把简单的惩戒作为教育的秘密武器，要么便会爱心泛滥，缺乏底线。真正的教育需要爱和责任作为教育的灵魂。没有爱的教育，如同无根之木，无源之水；而缺乏责任的教育，则像脱缰的野马，虽勇往直前，却奔向深渊。后来发生的一件事让我对爱与责任的认识更加清晰。

早就听说学校有个"小韩寒"，沉迷于阅读和创作大部头小说。刚接手新班，一个同事说："你真走运，'小韩寒'到你班里了，很聪明的一个孩子，就是有点走火入魔！"我开始琢磨如何把他从"走火入魔"的境地中拉出来。

刚过了一个周，老师们就反映：那个"小韩寒"开始蠢蠢欲动了。我决定先放一放，以免激起他的叛逆心理。又过了些日子，他有些肆无忌惮了。除了在我的课上还能装出一副听讲的样子，其余的课都成了他的创作时间，晚自习更是一写到底。不过他认为这不是违反纪律，还是个优点。我预感到对他做工作将非常棘手，因为他的某些习惯和观点已经根深蒂固。

晚自习，我趁他不备，堵了个正着——他是如此投入，我在他面前足足站了半分钟他依然全神贯注地写着，直到旁边的同学笑出声才抬起头来。因为是在课堂上，我只收了本子，没有和他多做交流。

令我始料未及的是，下了课他就跟到了办公室，我让他坐下谈谈，他不坐也不说话，以沉默表示对抗。我笑了："看样子有情绪，这样吧，先回去好好想想再来找我，你的大作我会好好保管的，不要担心我给你弄丢了！”他磨磨蹭蹭不肯走。我脸色一变：“是不是真的不想要了？写不好检讨书别想拿回你的稿子！”他这才离开了办公室。很快他就炮制了一篇检讨书来找我，检讨书写得天花乱坠、极其沉痛。不过我一眼看出，他并没有认真反思，只是想变着法儿从我手中把本子要回去。我没让他的伎俩得逞，而是让他回去继续反思，重新再写一份。

他走后，我开始反思这种大家都在用的写“检讨书”式的惩戒手段为什么没有起到应有的教育效果，是不是因为这一教育手段没有让他感受到我对他的关心和帮助呢。我应该如何做才能走进他的心灵：既让他能专心学习，又不会残忍地击碎他年轻的梦想呢？

第二天一大早他就来了。我把检讨书简单浏览了一遍，这份检讨书同第一次相比，除了语言朴实一些，没有什么本质不同。我把它放到一边，并没有在这件事上再纠缠，而是笑笑说：“我看了你的文字，你写的成长小说明显在模仿韩寒，对吧？”他点了点头，“喜欢韩寒的文字吗？”他还是点头，不过显然已经跟着我的思路在思考。“我也很欣赏韩寒的文字，尤其是最早的《三重门》，有个性，有思考，有深度！”我一连用了三个修饰语。

他两眼放光，一看找到了适合自己的话题，就立刻口若悬河：“就是，比那些故作姿态、悲天悯人的大部头好看多了，属于那种真正能走进心灵深处让你自由大笑或者放声痛哭的作品！就是，韩寒有点后劲不足……”

我趁热打铁，接着说：“为什么韩寒有点后劲不足呢？难道不正是因为他年少时的叛逆，不注重学业才导致他的才气只是昙花一现吗？”他听后陷入沉思中，我接着引导：“有爱好没有错，但过于投入，以至于耽误自己的学业，是不是有些本末倒置呢！孩子，我要求你用功读书，不是因为我要你跟别人比成绩，而是因为，我希望你将来会拥有坚持爱好的权利，好好读书，才能梦想成真啊！”他恍然大悟地点点头，“你回去再写一份检讨书，不在字数多少，要把你的心里话说出来。”

过了好几天，“小韩寒”才写了第三次检讨书，认真、诚恳的态度，让我大为赞赏。与其说是“检讨书”，不如说是“宣言书”。在这之后，他像变了一个人，精神面貌有了很大转变，不再颓废消沉，每天被学习和其他活动填塞得很充实，学习也有了很大提高。四个月后的期末考试，竟然从分班时的第37名进步到第5名，还被评选为全校的“进步之星”。

是什么让他创造了这样的奇迹，仅仅用了四个月，就完成了一次破茧成蝶的蜕变？原来惩戒是需要以爱为源泉，以责任为内核，才能发挥出应有的力量。这才是爱与责任的魅力啊！

于丹教授说过，每一个孩子，都是掉落人间的天使。他们的翅膀断了，一直在寻找为他们缝补翅膀的人。当成人世界不嘲笑他们的青涩、荒唐、鲁莽，能够给他们一种鼓励，给他们一种包容，那么他们会在没有忘记天空的时候缝上翅膀，重新成为天使。这段话深深地震撼着我的心灵，我懂得了作为一名教师，不仅要有责任感，拿起惩戒的武器来督促孩子成长，更要有爱心，做一个缝补天使翅膀的人，用爱和责任撑起教育这片天空。

从“学生会检查校卡”一事说开去

青岛第五十八中学　王洪娜

“检查校卡和团徽”，一声吼，吓得我一哆嗦，抬头一看，三个穿着校服的大男孩，横在我班教室的前台。我镇定了一下，等着他们跟我打招呼。三人谁都没理我。这时，我站在教室的中部，正和我班学生交流问题，难道我不像班主任？但至少能看出我是老师吧？毕竟我没穿学生校服。学生会检查部的没有礼貌，和我关系也不大，我没义务教育他们。我继续和某一学生交谈，他们继续检查。突然，和我站同一列桌间走廊的检查部学生朝我奔来，但眼睛瞪得冒火，不过不是喷向我，而是我身后左侧的男生。我往前走，他往后走，根本没有避让我，而是越过我直接冲向我身后的男生，我惊恐回眸，可怜我班小男生，惊慌寻找校卡，同时被抓个正着。“你没戴校卡，扣一分！”班里大部分同学脸色陡变，人人自危。我还没来得及做出反应，“班长出来一趟！”另一侧的检查部学生喊了一声。我班小班长乖乖跟出去了，检查部三人胜利收队，从他们得意洋洋的表情可以看出，他们收获很大——扣了分。他们走到教室门口，我仍然没有收到“老师再见”之类的任何只言片语。

这件事，我回想起来仍心有余悸，但是我更感到了我们教育的缺失。学生检查部成立的目的是什么？锻炼学生的工作能力就不需要尊重老师了吗？检查部检查前告知高一新生要配戴校卡校徽了吗？只求政绩、不顾效果的“官僚主义”不正是我们培养的吗？我们是不是也同时培养了弱势群体的“奴性”？教育难道不应同教学一样，目标要明确吗？学校成立学生会检查部，目的是锻炼学生工作能力，督促帮助学生养成良好习惯，让学生学会自主管理。“扣分”是目的吗？若教育只剩下了“扣分”，那么学生是不是就像生产线上的“零件”？不合规格的统统淘汰，是机械化而非人性化。这样能达到“自我管理”的教育目标吗？

学校的使命除了要为学生的一生发展做必要的知识准备，更重要的应该是心理准备。从社会层面来说，学校里学习的知识其实很少，更重要的是学校要致力于把学生培养成一个人格和心理都很健全的人，这部分的任务比知识的任务更需要。当学生会成员有了“高高在上”“权力主义”的心理，若我们教育者不能及时发现、及时教育，可想而知，这种心理的学生将来上了大学、到了社会上会如何为人处世。

对案例中的高一新生而言，他们是弱小的，相对学生会的成员，他们是弱势群体。在被检查校卡时，他们是被动的，他们等着学生会去宣读学校的规章制度，他们去适应着老师的上课方式，接受着学校布置的各种任务，他们极其看重教育者对他们的评价和对他们的教育。幸好，作为案例亲身经历的我，及时为班级里被扣分的同学做了心理疏导，并在全班就此事做了讨论交流，让新生们知道如何遵守校规校纪，更让新生们知道如何到别的班级进行公务检查，如何尊敬师长、爱护幼小，进而上升到“为官之道”。

大雁教小雁飞翔，小雁就学会了飞翔；大猴教小猴爬树，小猴就学会了爬树。管理者教学生唯唯诺诺，学生就学会了唯唯诺诺。老师教学生如何当干部，学生就学会了如何当干部。唯唯诺诺的学生，容易向歪风邪气低头；只会扣分的学生干部，将来就会成为指指点点、不干实事的领导。鲁迅曾说：“看十来岁的孩子，便可以预料二十年后中国的情形。”作为教育者的我们，给未来什么样的建设者呢？

孩子，我们一起读书吧

青岛市崂山区第一中学　吴宏丽

晚自习布置好任务，限定好做题时间，看着同学们一个个凝神静气、认真思考，我很高兴。我在讲台上坐下来，陪孩子们一起做题。十几分钟过去了，我想下去看一看孩子们的做题进度。走到大山同学的面前，却让我怒火丛生——报纸下面压着的，是一本厚厚的小说。我非常生气，这孩子也太放肆了——在班主任的课上就这样大胆，那其他的课就更不会好好学习了！有那么一刹那，我真想把书拿过来狠狠地摔到他的面前或者干脆撕碎，扔到垃圾桶里。我把书拿起来，又轻轻地放下了。我们积极构建书香校园，在每一个教室建立了图书角，不就是为了让孩子们多读书、开阔视野吗？但是晚自习时间毕竟不是看书的合适时机，更是违背了和大家的约定（班级公约）。按照惯例，我完全可以把他叫到办公室，填上一张违纪单，说服教育一通，或者再给点儿处罚，这个事就过去了。

我忍下了自己的怒气，把书拿到讲台上，对大山说“你坐下吧，专心做题，下课到办公室去找我，我们好好聊聊！”这是个聪明活泼、喜爱读历史方面的书籍但又不愿意背诵的孩子，因此记忆性学科的成绩偏弱。一张违纪单对他来说是不可能解决问题的，也许今天就是一个契机，换一种方式，会产生更好的效果。

下了课，大山耷拉着脑袋来到了办公室，开口就说：“老师，我错了，我不该上英语课看小说。”我拍了拍身边的凳子，“坐吧！老师不觉得你看书是错误，只是觉得你不应该在大家都在认真学习的时候去看小说。我刚才想了很久，既然你能那么认真地去读这本书，应该有两种可能性，要么你学不进去，要么这本书是真的吸引你，你能告诉老师是哪一种原因吗？”

他迟疑了一会儿：“老师，我做到B篇阅读理解的时候儿，实在看不懂，做不下去了，觉得特别烦！”

“有这种可能性，你词汇量偏少，做阅读理解有困难，老师理解，所以你平时得多记忆啊！还有没有别的原因呢？”

他沉默了半晌，“这本书，我还剩了一点点没看完，我想把它看完。”

“喔，老师也有这样的时候，遇到喜爱的书籍，爱不释手。你这么一说，老师也想看了，只是老师最近太忙了，你愿意写个书评，给老师介绍一下这本书吗？不用太长，有五六百个字就足够了，不过，要写得清楚点儿，漂亮点儿，老师的眼睛有点儿花了！”

他很诧异地看着我，可能是觉得我怎么会没有惩罚他，或者说怎么没让他填违纪单呢？

接下来，他脸上露出了灿烂的笑容，“老师，那我回去拿稿纸，一会儿就能写完啦！”

他坐在我旁边，“刷刷”地开始写了。不到半个小时，他把笔放下了，“老师，我写完了。”

“这么快呀，真棒！来，我们一块儿欣赏一下，老师不懂的地方，你给我讲讲！”

我们俩一字一句地开始研读他的书评，从行文到用词，我们不时地发现问题、改正错别字，不太恰当的用词，不太恰当的描述，等等。我们还不断地探讨着故事情节，还有他旁征博引所用到的那些历史知识。书评，我们看完了。我说：“老师发现你的历史知识很渊博呢，文笔也不错，要是把那些需要记忆的知识掌握得准确了就更完美了！”

大山的眼睛熠熠生辉，深深地给我鞠了一躬：“老师，谢谢您！今天晚上是我不对，我以后一定不会再这样了。”我只说了一句：“老师相信你！”

第二天早读，我推开教室的后门，远远地听到他朗朗的读书声，我抿着嘴偷偷一笑，这孩子在背英语单词呢，旁边放着历史和生物书！

半个月过去了，大山慢慢地发生了变化，学习更认真了，字也写得比以前漂亮，而且更乐于在班里为大家做事。我很高兴自己忍住一时的怒气，换来了孩子真正的改变！